Ernährung von Landschildkröten

von
Dr. med. vet. Carolin Dennert

144 Seiten
111 Farbfotos
27 Tabellen
17 Grafiken

Terrarien Bibliothek
Natur und Tier - Verlag GmbH

Titelbild: *Testudo hermanni boettgeri*
Fotos: C. Dennert

4. Auflage 2008

ISBN 10: 3-931587-53-3   ISBN 13: 978-3-931587-53-6

© 2005 Natur und Tier - Verlag GmbH
      An der Kleimannbrücke 39/41
      D-48157 Münster
      www.ms-verlag.de

Geschäftsführung: Matthias Schmidt
Lektorat: Heiko Werning & Kriton Kunz
Layout: Sibylle Manthey
Druck: Alföldi, Debrecen

Inhalt

Verzeichnis der in diesem Buch verwendeten Abkürzungen

Symbol	Bedeutung	Symbol	Bedeutung
°C	Grad Celsius	lt.	laut, gemäß
°NB	Grad Nördlicher Breite	max.	maximal
%	Prozent	ME	Metabolisierbare Energie
Abb.	Abbildung	mdl.	mündlich/e
bzw.	beziehungsweise	mg	Milligramm
Ca	Kalzium	ml	Milliliter
d	Tag	ML	Messlöffel
d. h.	das heißt	mmol	Millimol
E	Extrudat	N	Stickstoff
entspr.	entspricht/entsprechen	nb	nicht bestimmt
et al.	und weitere Personen	nm	Nanometer
etc.	et cetera (und so weiter)	o. A.	ohne Angabe/n
evtl.	eventuell	o. S.	organische Substanz
i. d.	in der/dem/den	P	Phosphor
i. d. R.	in der Regel	Pv	Pulver
I. E.	Internationale Einheiten	Rfa	Rohfaser
Fl	Flüssigkeit	RLF	Relative Luftfeuchte
FM	Futtermittel	Rp	Rohprotein
g	Gramm	SK	Schildkröte
ggf.	gegebenenfalls	sp.	Spezies, Art
Herst.	Hersteller	spp.	mehrere Spezies, Arten
HQI	Metallhalogendampfleuchten	ssp.	Unterart, mehrere Unterarten
HQL	Quecksilberdampflampen	Tab.	Tabelle
K	Kalium	Tr.	Tropfen
kg	Kilogramm	TS	Trockensubstanz
KJ	Kilojoule	u.	und
KM	Körpermasse	uS	ursprüngliche Substanz
Konf.	Konfektionierung	u. a.	unter anderem
KRL	Kopf-Rumpf-Länge (Maß von der Schnauzenspitze bis zur Kloake)	u. Ä.	und Ähnliche(s)
		UV	Ultraviolett
l	Liter	v. a.	vor allem
L	Lyophilisat	Wo.	Woche/n
LSK	Landschildkröte	z. B.	zum Beispiel

Einführung

Das vorliegende Buch „Ernährung von Landschildkröten" fasst, in dieser Form erstmalig, das notwendige Wissen über Aufbau und Funktionen der Verdauungsorgane, die Nahrungsaufnahme sowie die Bedeutsamkeit sinnvoller Futtermittel für Landschildkröten zusammen. Es befasst sich aus tierärztlicher Sicht mit ernährungsbedingten Erkrankungen, deren Vorbeugung und Erkennung. Vor diesem Hintergrund richtet sich diese Arbeit an Schildkrötenhalter und -züchter oder -liebhaber und bietet ihnen Notwendiges und Wissenswertes über die artgerechte Ernährung aller Landschildkröten an. Es ist als Orientierungshilfe auch für den nicht vorgebildeten Leser gedacht und will in allgemein verständlicher Form Informationen zum Stoffwechsel, zur Energiegewinnung und zum Energiebedarf dieser Schildkröten bereitstellen.

Darüber hinaus erhält der Leser Auskunft über die Zusammensetzung von Einzelfuttermitteln insbesondere pflanzlicher, aber auch tierischer Herkunft und über handelsübliches Mischfutter – außerdem praktische Tipps zur Fütterungshäufigkeit, zur Futtermenge und zur Zusammenstellung der Ration.

Dieses Buch beleuchtet die Zusammenhänge zwischen Ernährungs-, (teilweise) Haltungsfehlern und Folgeerkrankungen des Skeletts und der inneren Organe sowie die praktischen Möglichkeiten des Halters, diese durch den Einsatz adäquater Futtermittel zu vermeiden. Dabei ist die Beschreibung einer Auswahl wild wachsender Futterpflanzen, die das Nahrungsangebot ergänzen können, ebenso enthalten wie Auskünfte über entsprechende handelsübliche Gemüse- und Obstsorten.

Schließlich werden dem Leser notwendige Kriterien vermittelt, die es ihm ermöglichen, seine Beobachtungen zum Fress- und Ausscheidungsverhalten seiner Tiere einschätzen zu können.

„Ernährung von Landschildkröten" bietet dem Pfleger alles Wissenswerte zur artgerechten Ernährung. Unter den Oberbegriffen *Nahrungsaufnahme und Verdauung, Energie und Nährstoffe, Futtermittelkunde, Praktische Fütterung* und *Ernährungsbedingte Krankheiten* sind diese Informationen gebündelt und jederzeit leicht nachzuschlagen.

Weißklee (*Trifolium repens*) Foto: C. Dennert

Zoologische Klassifizierung der Schildkröten

Innerhalb des Tierreiches werden die Reptilien dem Stamm der Chorda-Tiere zugewiesen. Die Ordnungen der Brückenechsen (Rhynchocephalia), Panzerechsen (Crocodylia) und Schildkröten (Testudines) stehen als isolierte Gruppen mit wenigen noch lebenden Arten neben den artenreichen Schuppenkriechtieren (Squamata).

> Klasse: **Reptilia** (Kriechtiere)
> Unterklasse: **Anapsida**
> Ordnung: **Chelonia, Testudines** (Schildkröten)
> (SIEWING 1985; WEHNER u. GEHRING 1990)

Die gegenwärtig noch lebenden Schildkröten gehören zur Unterordnung der Echten Schildkröten (Casichelydia), die in zwei Ordnungsgruppen unterteilt ist, nämlich die Halsberger (Cryptodira) und die Halswender (Pleurodira). Die nachfolgende Tabelle gibt eine Übersicht der Systematik, wobei zu berücksichtigen ist, dass die zoologische Zuordnung aller Arten noch nicht als abgeschlossen angesehen werden kann (OBST 1988). Die Aufmerksamkeit des vorliegenden Buches ist der Familie der Testudinidae, den Landschildkröten, gewidmet,

Die Breitrandschildkröte (*Testudo marginata*) bekommt im Alter einen stark ausgeprägten Kopf.

Foto: T. u. S. Vinke

da sich insbesondere die Europäischen Landschildkrötenarten einer zunehmenden Beliebt-
heit erfreuen. Eine detaillierte zoologische Klassifizierung der Landschildkröten findet sich in
Tabelle I im Anhang.

Die Familie der Landschildkröten (Testudinidae) zeichnet sich durch einen mehr oder weniger deutlich konvex geformten, also gewölb-
ten Rückenpanzer (Carapax), einen harten
Bauchpanzer (Plastron) und hornbeschuppte
Extremitäten aus. Eine Ausnahme bildet die
Spaltenschildkröte (*Malacochersus tornieri*),
deren Carapax einerseits plattgedrückt erscheint, und die außerdem einen weichen
Bauchpanzer (Plastron) hat. Kopf und Gliedmaßen können vollständig in den Panzer ein-
gezogen werden. Innerhalb der Gattungen
Testudo und *Pyxis* finden sich Arten, deren
Plastron ein Gelenk aufweist. Vertreter der Gattung *Kinixys* besitzen ein quer über den Carapax
verlaufendes Scharnier. Mit seiner Hilfe kann
das hintere Ende des Rückenpanzers über die
Hinterbeine verlagert werden. Landschildkröten
erreichen Panzerlängen von bis zu 125 cm. Sehr
kleine Arten sind mit etwa zehn Zentimetern
„ausgewachsen" (UETZ 2001).

Tab. 1 – Übersicht der Systematik der Echten Schildkröten (Casichelydia)

1. Ordnungsgruppe: Cryptodira (Halsberger)	
Untergruppe: Eucryptodira (Moderne Halsberger)	
Überfamilie	**Familie**
Testudinoidea (Landschildkröten-Verwandte)	Testudinidae (Landschildkröten)
	Emydidae (Sumpfschildkröten)
Chelydroidea (Alligatorschildkröten-Verwandte)	Chelydridae (Alligatorschildkröten)
	Platysternidae (Großkopfschildkröten)
	Kinosternidae (Schlammschildkröten)
	Dermatemydidae (Tabascoschildkröten)
	Staurotypidae (Kreuzbrustschildkröten)
Trionychoidea (Weichschildkröten-Verwandte)	Trionychidae (Eigentliche Weichschildkröten)
	Carettochelydidae (Papua-Weichschildkröten)
Chelonioidea (Meeresschildkröten-Verwandte)	Cheloniidae (Meeresschildkröten)
	Dermochelydidae (Lederschildkröten)
2. Ordnungsgruppe: Pleurodira (Halswender)	
	Pelomedusidae (Pelomedusenschildkröten)
	Chelidae (Schlangenhalsschildkröten)

(OBST 1988)

Spaltenschildkröten (*Malacochersus tornieri*) können Kopf und Gliedmaßen vollständig in den Panzer einziehen.
Foto: T. u. S. Vinke

Madagassische Flachrückenschildkröte (*Pyxis planicauda*)   Foto: B. Love/Blue Chameleon Ventures

3 Nahrungsaufnahme und Verdauung

3.1 Der Verdauungstrakt: Aufbau und Funktion

3.1.1 Aufbau des Verdauungstrakts

3.1.1.1 Schnabel und Maulhöhle

Die Knochen von Ober- und Unterkiefer sind bei allen Landschildkröten zu einer festen Spange verwachsen und von einer Hornscheide bedeckt. So wird der Maulspalt durch einen vogelähnlichen Hornschnabel begrenzt. Dieser Schnabel übernimmt die Funktion von Zähnen und ist bei den verschiedenen Arten teils sehr unterschiedlich ausgebildet. Bei einigen Landschildkröten und bei vorwiegend von pflanzlicher Kost lebenden Sumpfschildkröten finden sich gezackte Hornscheiden. Die Ausprägung dieser Hornscheiden ist häufig durch die knöcherne Grundlage des Kiefers vorgegeben. Große Land- und Süßwasserschildkröten, z. B. *Geochelone*, *Megalochelys*, *Batagur*, *Callagur*, *Hardella*, *Kachuga* u. a., verfügen über weit in das Maul reichende Hornplatten mit hintereinander verlaufenden Höckerreihen zum Zermalmen pflanzlicher Kost (FRYE 1991a; OBST

Der scharfkantige Hornschnabel einer Pantherschildkröte (*Geochelone pardalis*)   Foto: M. Schmidt

Die Zunge von Landschildkröten ist vergleichsweise wenig beweglich.   Foto: C. Dennert

1988). Die Zunge ist ein in allen Richtungen beweglicher Muskel. Bei Landschildkröten ist diese Beweglichkeit jedoch vergleichsweise stark eingeschränkt. Ihre Zunge ist klein und fleischig, hat eine zottige Oberfläche und kann bei der Nahrungsaufnahme nur wenig aus der Maulhöhle herausverlagert werden. Unterstützt durch vorstoßende Kopfbewegungen dient sie vor allem der Beförderung von Nahrung innerhalb der Maulhöhle rachenwärts. Am Zungengrund liegt der senkrecht spaltförmige Zugang zur Luftröhre. Dieser Spalt öffnet sich nur beim Atmen (MADER 1993). Bei vielen Schildkröten liegen Schleim absondernde Zellen am Grunde der Zungen- und in der Rachenschleimhaut. Teilweise sind der Gaumen und die Rachenoberfläche von mäßig verhorntem Gewebe gesäumt. Eine Verhornung dieser Bereiche spiegelt die Ernährungsweise der Tiere wider: Bei Schildkröten, die trockene und raue Nahrung aufnehmen, ist der vordere Abschnitt des Verdauungstrakts wesentlich stärker verhornt als bei Schildkröten, deren Diät sich aus weicheren Futtermitteln zusammensetzt (FRYE 1991a).

Bei Landschildkröten erfolgen bei der Nahrungsaufnahme i. d. R. mindestens zwei Kieferschläge nacheinander, wobei der erste der Aufnahme von Futtermitteln in den Maulspalt mit Abtrennung eines Stückes, z. B. einer Pflanze, durch den scharfkantigen Schnabel gilt. Bei weiteren Kieferschlägen wird im Zusammenspiel mit der beschriebenen Zungenbewegung die Nahrung in den Rachenraum befördert. Durch eine Vorwärtsbewegung des Kopfes bei geöffnetem Maulspalt wird weitere Nahrung aufgenommen.

3.1.1.2 Speiseröhre

Die Speiseröhre überführt den Bissen in den Magen. Ihre Wand liegt in Längsfalten, sodass ihr Durchmesser stark ausgeweitet werden kann. Dies ermöglicht ein Abgleiten relativ großer Nahrungsstücke. Die Speiseröhre liegt direkt über der Luftröhre und mündet etwa auf der Höhe des Herzens in den Magen. Zahlreiche Schleim bildende Zellen und die muskuläre Wand der Speiseröhre erleichtern den Transport eines Bissens von der Maulhöhle in den Magen (SKOCZYLAS 1978). Bei der Russischen Steppenschildkröte (*Testudo horsfieldii*) soll die kräftige Wandmuskulatur der Speiseröhre sogar an der Zerkleinerung aufgenommener Nahrung beteiligt sein (EKSAEVA 1958). Einige wenige Landschildkröten besitzen (wie die meisten Meeresschildkröten) zahlreiche massive, magenwärts gerichtete Fortsätze in der Speiseröhre, die von einer harten Hornschicht überzogen sind. So kann Nahrung leichter abgeschluckt und magenwärts befördert, möglicherweise auch vorzerkleinert werden (FRYE 1991a; PARSONS u. CAMERON 1977; PORTER 1972).

3.1.1.3 Magen

Der Aufbau des Magens der Reptilien gleicht grundsätzlich demjenigen höherer Wirbeltiere. Der Schildkrötenmagen ähnelt in Form, Lage und Ausdehnung stark dem Magen der Säuger

Landschildkröten (hier zwei Breitrandschildkröten) trennen Stücke der Futterpflanzen mit ihrem scharfkantigen Schnabel ab.   Foto: T. u. S. Vinke

und weist eine große linksseitig ausladende Rundung und eine kleine rechtsseitige Einwölbung auf (LUPPA 1977). Je nach Füllungszustand erscheint der Magen haken- oder sackartig. Er liegt i. d. R. auf halber Höhe des Rumpfes innerhalb der linken Körperhälfte. Von der Speiseröhre und dem nachfolgenden Darm ist er durch innen liegende faltenartige Strukturen abgegrenzt (BOYER u. BOYER 1996). Die innere Oberfläche des Magens ist mit ihren großen, breiten, unverzweigten und nebeneinander verlaufenden Längsfalten bei fast allen Schildkröten einheitlich gestaltet (PARSONS u. CAMERON 1977). Die Drüsen im Reptilienmagen scheinen in einer einzigen Zellform die Funktionen der beiden Drüsenzelltypen des Säugermagens zu vereinen (BERGER u. BURNSTOCK 1979): Beim Säuger produziert ein Zelltyp Salzsäure, z. B. um Fäulnis und Gärung entgegenzuwirken ein anderer Verdauungsenzyme; bei Schildkröten werden beide Funktionen von einem Zelltyp wahrgenommen. Die Muskulatur der Magenwand ist dreischichtig (FRYE 1991a). Vom Magen wird der anverdaute Nahrungsbrei in den Dünndarm weitergeleitet. Die Abgrenzung zum Dünndarmbereich bildet ein ringförmiger Muskel.

3.1.1.4 Darm
Die Gliederung des Darms entspricht der geläufigen Unterteilung in Dünndarm, Blinddarm und Dickdarm. Im Vergleich zum Säuger sind Dünn- und Dickdarm kürzer, der Dünndarm ist weniger geschlängelt, und beide haben eine geringere innere Oberfläche (BOYER u. BOYER 1996; KARASOV et al. 1986). Im Verhältnis zur

Steppenschildkröte (*Testudo horsfieldii*)
Foto: B. Love/Blue Chameleon Ventures

Körperlänge ist der Darm bei Reptilien kurz, nach Ordnungszugehörigkeit jedoch unterschiedlich: am längsten bei Schildkröten und Krokodilen und sehr kurz bei Schlangen (LUPPA 1977). Nach JACOBSHAGEN (1937) resultiert die Längenausdehnung des Darmes bei Schildkröten in erster Linie aus deren großräumigem Rumpf und hängt an zweiter Stelle mit dem artspezifischen Nahrungsspektrum zusammen. Der Dünndarm der Schildkröten liegt geschlängelt zentral in der Körperhöhle. Der Durchmesser des Dünndarms ist gering und bleibt auf der gesamten Länge etwa gleich. Die innere Oberfläche, die Dünndarmschleimhaut, zeigt bei den meisten Schildkrötenarten zickzackartig verlaufende Längsfalten. Diese Falten sind deutlich im vorderen Bereich, gehen dann über in Wellen, verstreichen später zu geraden Längsfalten und werden in Dickdarmnähe schließlich breiter (LUPPA 1977). Im Anschluss an den Dünndarm grenzt sich artabhängig mehr oder weniger deutlich ein Blinddarm ab. Reptilien sind entwicklungsphysiologisch die ersten Wirbeltiere, deren Verdauungtrakt ein Blinddarm anhängig ist. Mit Ausnahme der Krokodile ist der Blinddarm bei den meisten Reptilien zumindest angedeutet. Er liegt am Übergang des Dünndarms zum Dickdarm (PORTER 1972). Bei pflanzenfressenden Reptilien ist der Blinddarm i. d. R. deutlich ausgebildet und beherbergt Mikroorganismen, die Pflanzenfasern abbauen. Auch hier werden Nährstoffe absorbiert (KING 1996). Bei Wald- und Köhlerschildkröten ist der Blinddarm nur als Aussackung am Übergang des Dünndarms zum Dickdarm erkennbar (BJORNDAL 1989). Der Innendurchmesser des

Im Habitat der Köhlerschildkröte (*Geochelone carbonaria*) in Französich-Guayana und Paraguay finden sich keine Hinweise auf die Verfügbarkeit von Obst. Foto: M. Schmidt

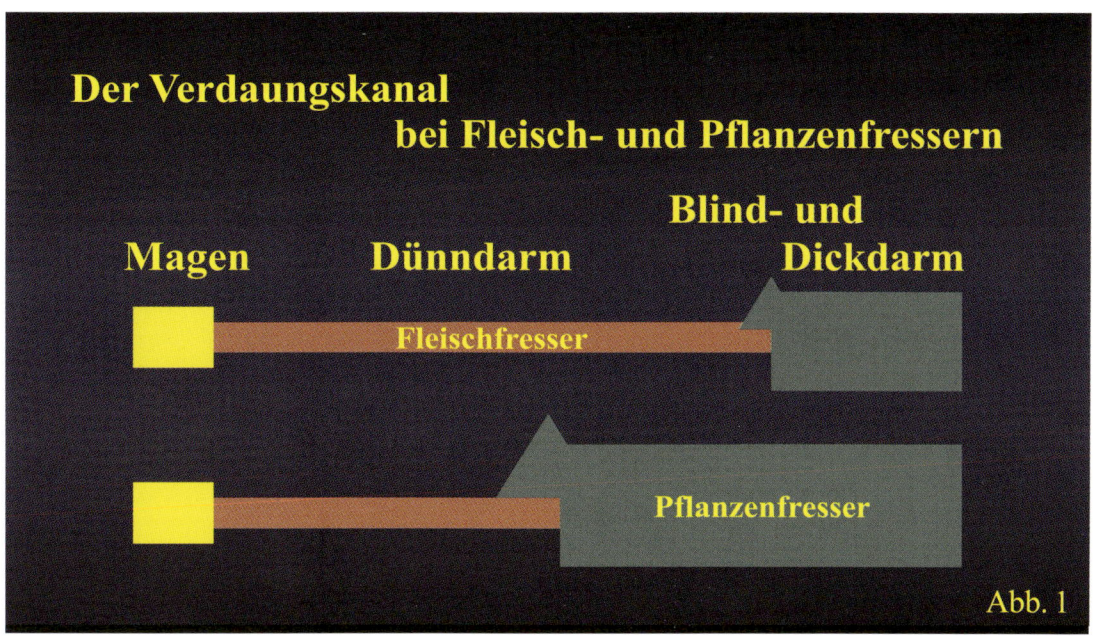

Der Verdauungskanal bei Fleisch- und Pflanzenfressern

Magen — Dünndarm — Blind- und Dickdarm

Fleischfresser

Pflanzenfresser

Abb. 1

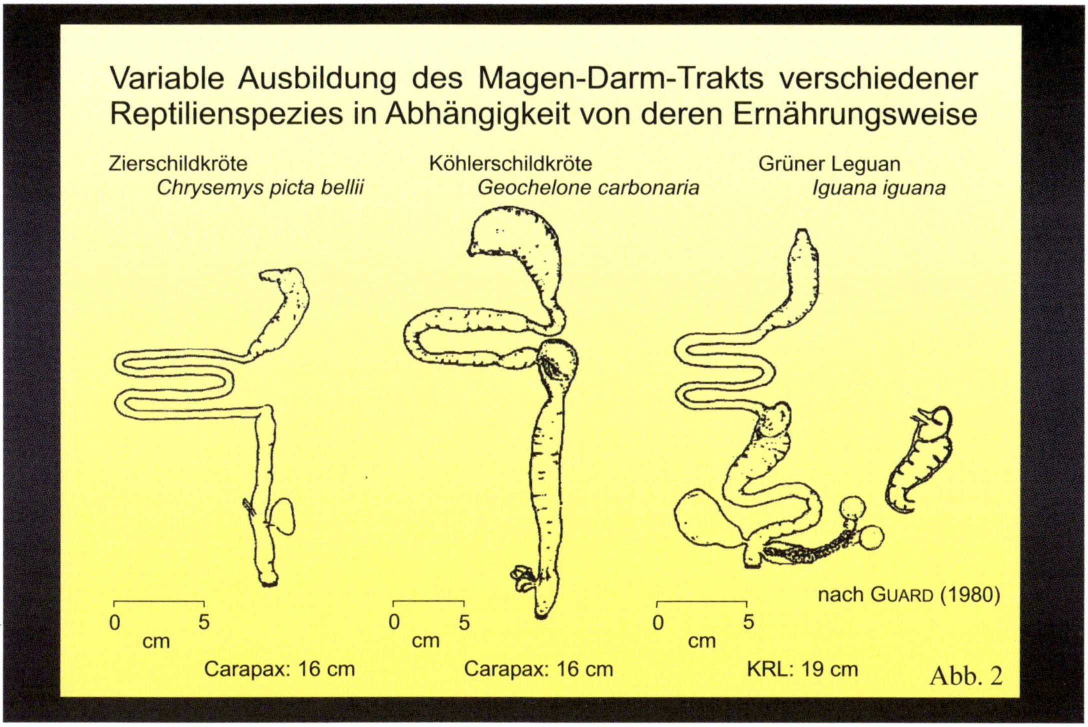

Variable Ausbildung des Magen-Darm-Trakts verschiedener Reptilienspezies in Abhängigkeit von deren Ernährungsweise

Zierschildkröte
Chrysemys picta bellii

Köhlerschildkröte
Geochelone carbonaria

Grüner Leguan
Iguana iguana

nach GUARD (1980)

0   5
cm

0   5
cm

0   5
cm

Carapax: 16 cm   Carapax: 16 cm   KRL: 19 cm

Abb. 2

Dickdarms ist deutlich größer als der des Dünndarms. Der sich an den Blinddarm anschließende, weite Dickdarm verläuft zuerst quer durch den Körper nach rechts, zieht dann kopfwärts und wendet sich nach links. An der linken Körperseite steigt er linksseitig ab und geht in einer erst kopfwärts gerichteten und sich wieder nach hinten wendenden Schleife über in den Mastdarm. Der Endabschnitt des Dickdarms wird als Mastdarm bezeichnet. Dieser verläuft geradlinig in der Körpermitte und mündet in die Kloake (BOYER u. BOYER 1996; PARSONS u. CAMERON 1977). Über die Kloake werden die Exkremente ausgeschieden. Sie ist wie bei den Vögeln in drei Abschnitte gegliedert: Das so genannte Coprodaeum schließt sich dem Mastdarm an. Ihm folgt das Urodaeum – hier münden die Harn- und Geschlechtsgänge (gemeinsam bei männlichen Tieren, getrennte Gänge bei weiblichen Tieren; BELLAIRS 1969). Das Proctodaeum schließlich ist die Sammelkammer, aus der Kot und Harn abgesetzt werden. Zudem münden hier Duftdrüsen weiblicher und männlicher Tiere wie auch die männlichen Geschlechtsorgane (MADER 1993). Die Kloakenöffnung verläuft bei Schildkröten längs (BELLAIRS 1969; JACOBSHAGEN 1937).

Das Längenverhältnis des Dünndarms zum Dickdarm der Reptilien wechselt mit der Ernährungsweise unterschiedlicher Arten. Der längste Dünndarm kommt bei Fleischfressern vor. Hier findet vorwiegend ein enzymatischer Abbau von tierischem Eiweiß im Dünndarm statt. Entsprechend überwiegt deutlich der Dünndarmanteil an der Gesamtlänge des Darms. Allesfressende Arten nehmen eine Mittelstellung ein, da gleichermaßen tierisches Eiweiß und pflanzliche Nahrung aufgenommen werden. Der Dünndarm von Pflanzenfressern ist relativ kurz. Länge und Fassungsvermögen des Dickdarms verhalten sich genau umgekehrt. Abbildung 1 (S. 17) verdeutlicht im Schema die Ausprägung des Darmkanals bei Fleisch- und Pflanzenfressern, und in Abbildung 2 (S. 17) ist beispielhaft der Verdauungstrakt verschiedener Reptilienarten mit unterschiedlicher Ernährungsweise skizziert (nach GUARD 1980). Je nach Ernährungsweise finden sich auch bei unterschiedlichen Schildkrötenarten verschieden lange Darmabschnitte. Bei pflanzenfressenden Arten kommen dem Blind- und Dickdarm wesentliche Verdauungsaufgaben zu: Das Verhältnis von Dünndarm- zu Dickdarmlänge liegt zwischen 0,4 und 1 zu 1, so beispielsweise um 1:1 bei Wald- und Köhlerschildkröten (*Geochelone denticulata* und *G. carbonaria*; BJORNDAL 1989; GUARD 1980). Diese beiden südamerikanischen Landschildkröten zeigen im Aufbau keine eindeutige Spezialisierung des Verdauungstrakts auf eine enzymatische Verdauung im Dünndarm oder einen mikrobiologischen fermentativen Abbau pflanzlicher Faserstoffe im Dickdarm. Sie sind flexibel in der Auswahl ihres Futters (BJORNDAL 1989). Mit zunehmender Bedeutung rohfaserreichen Futters im Speiseplan der unterschiedlichen Arten gewinnt der Dickdarm als Gärkammer an Größe bzw. Länge und Volumen.

3.1.1.5 Bauchspeicheldrüse

Die Bauchspeicheldrüse der Schildkröten ist blassorange bis blassrosa, hat eine längliche Form und liegt in der Nähe der Milz eingebettet (BOYER u. BOYER 1996). Die Größe ist bei pflanzenfressenden Schildkröten geringer als bei fleischfressenden Arten (BELLAIRS 1969). Der Ausführungsgang ist kurz und mündet dicht bei der rechtsseitigen Begrenzung der Bauchspeicheldrüse in den Dünndarm (ASHLEY 1955). Diese Drüse sondert den Bauchspeichel ab. Er enthält Verdauungsenzyme.

3.1.1.6 Leber und Galle

Die Leber ist das umfangreichste Organ in der Bauchhöhle der Reptilien. Die massige Leber wechselt in ihrer Farbe je nach Alter und Ernährungszustand des Tieres sowie Blutgehalt des Organs von hell- bis dunkel-olivbraun. Bei

Ein Bewohner südamerikanischer Regenwälder und Feuchtsavannen: Die Waldschildkröte (*Geochelone denticulata*). Die Art zeigt im Aufbau des Verdauungstraktes keine besondere Spezialisierung auf bestimmte Nahrung.
Foto: T. u. S. Vinke

verschiedenen Arten, etwa bei der Kalifornischen Wüstenschildkröte (*Gopherus agassizii*), ist dunkles Pigment (Melanin) im Lebergewebe verteilt (FRYE 1991a). Die Leber liegt „unten" im vorderen Bauchraum, hat die Form eines Sattels und ist unterteilt in zwei Hauptlappen. Der linke Leberlappen bedeckt fast vollständig den Magen, grenzt seitlich an die linke Körperwand und oben an die Herzkammer. Der größere rechte Leberlappen grenzt an die rechte Körperseite und verdeckt Anteile von Dünn- und Dickdarm; eine Verlängerung des rechten Lappens im „oberen" Bereich liegt der kleinen Rundung des Magens auf (ASHLEY 1955; BOYER u. BOYER 1996).
Eine Gallenblase wurde bei allen Reptilien nachgewiesen (BELLAIRS 1969). Bei Schildkröten ist sie in den rechten Leberlappen eingebettet. Die Gallengänge verlaufen innerhalb feiner Scheiden aus Bindegewebe (FRYE 1991a). Die enzymhaltige Galle gelangt über den Gallengang in den Dünndarm. Über ein Band, in das auch die Bauchspeicheldrüse eingebettet ist, stehen Dünndarm und rechter Leberlappen miteinander in Verbindung. Es setzt mittig an der oberen Fläche des rechten Leberlappens an (ASHLEY 1955).

3.1.2 Funktionsweise der einzelnen Abschnitte des Verdauungskanals

3.1.2.1 Maul und Speiseröhre, Speichel
Mit Ausnahme der Nahrungszerkleinerung leisten Maul und Speiseröhre keinen wesentlichen Beitrag zur Verdauung. Auch der Speichel ist

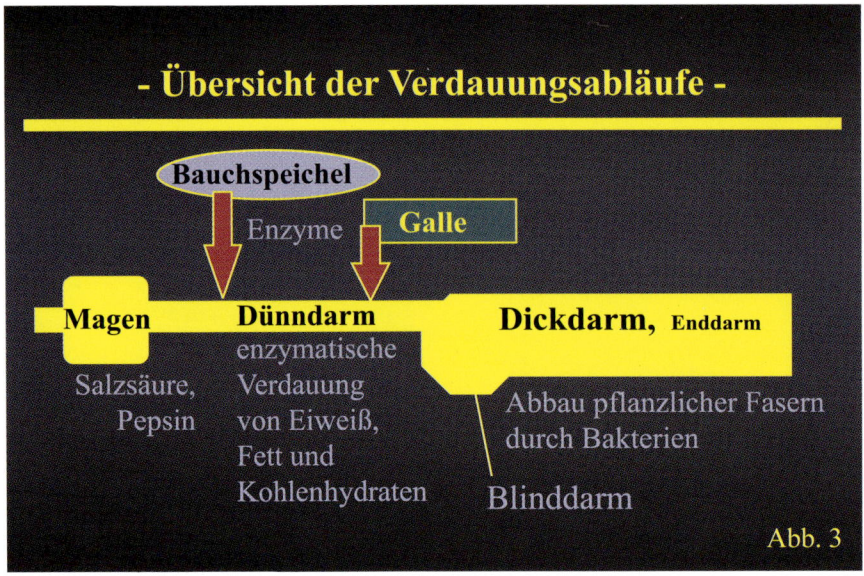

- Übersicht der Verdauungsabläufe -

Bauchspeichel

Enzyme | Galle

Magen | **Dünndarm** | **Dickdarm,** Enddarm

Salzsäure, Pepsin | enzymatische Verdauung von Eiweiß, Fett und Kohlenhydraten | Abbau pflanzlicher Fasern durch Bakterien

Blinddarm

Abb. 3

teiligt sich beispielsweise durch Entkalkung von Knochen auch direkt an der Verdauung. Der pH-Wert im Reptilienmagen bewegt sich nach der Fütterung artabhängig zwischen 1,5 (stark sauer) und 6,0 (schwach sauer). Bei der Maurischen Landschildkröte (*Testudo graeca*) liegt der pH-Wert bei 2,0 nach der Fütterung, bei hungernden Tieren im schwach alkalischen Bereich von 7,5 bis 8,0 (WRIGHT et al. 1957). Das Enzym Pepsin erreicht bei *Testudo graeca* seine höchste Wirksamkeit im sauren Bereich zwischen 2,2 und 2,5 (VONK 1939). Die Abgabe von Magensaft wird vermutlich durch die Dehnung der Magenwand bei Futteraufnahme angeregt, durch die Nahrung selbst und/oder durch deren Abbauprodukte (SKOCZYLAS 1978). Eine bedeutende Rolle spielt hierbei die Umgebungstemperatur. Höhere Temperaturen beschleunigen den Verdauungsvorgang. Enzyme sind in ihrer Wirksamkeit nämlich temperaturabhängig, daneben beeinflusst die Temperatur über Atmung und Kreislauf die Stoffwechselrate der Magendrüsen. Die eiweißverdauende Aktivität der Schleimhaut von *Testudo graeca* steigt ab 6 °C bis 58 °C (MENNEGA 1938). Bei Temperaturen von 4–5 °C produzieren *Terrapene carolina*, eine Dosenschildkröte (ANDERSON u. WILBUR 1948), und *Chrysemis picta*, eine Zierschildkröte, keinen Magensaft mehr (FOX u. MUSACCHIA 1959).

ohne Bedeutung für die Verdauung, vielmehr soll eingespeicheltes Futter besser in Richtung Magen abgleiten können (MADER 1993).

3.1.2.2 Magen und Magensaft

Eine Übersicht über die Verdauungsabläufe in den einzelnen Abschnitten des Magen-Darm-Trakts gibt Abbildung 3. Die Verdauung im Magen umfasst sowohl eine mechanische Zerkleinerung der Nahrung als auch deren chemische Zersetzung vorwiegend durch Enzyme. Die mechanische Zerkleinerung ist eine Fortsetzung des in der Maulhöhle begonnenen Vorgangs und erfolgt durch Zusammenziehen der muskulösen Magenwand. Drüsenzellen in der Magenschleimhaut geben den sauren, enzymhaltigen Magensaft ab, und es beginnt die chemische Aufspaltung von Nahrungsbrei. Der wässrig schleimige Magensaft enthält Salzsäure und das eiweißabbauende Enzym Pepsin. Die Menge an abgesonderter Salzsäure bestimmt den Säuregrad (pH-Wert) des Magensafts und verhindert die Vermehrung von Fäulnis erregenden Bakterien. Salzsäure be-

Kopfsalat durchläuft den Verdauungstrakt von *Testudo graeca* bei 28°C binnen eines Zeitraumes von drei bis zu acht Tagen. Foto: R. Zobel

3.1.2.3 Dünndarm, Bauchspeichel und Galle

Der Dünndarm von Pflanzenfressern ist vergleichsweise kurz, da die wesentliche Verdauungsaufgabe Kleinstlebewesen in Blind- und Dickdarm obliegt, der so genannten Darmflora. Im Dünndarm erfolgt die bereits im Magen begonnene Aufspaltung von Eiweißen, Fetten und Kohlenhydraten. An diesem Vorgang beteiligen sich der Bauchspeichel, die Galle und Sekrete der Darmwand. Gelangt der saure Nahrungsbrei vom Magen in den Dünndarm, so wird die Abgabe von Bauchspeichel eingeleitet. Dieser enthält u. a. Enzyme, die dem Abbau von Eiweißen, Fetten und Kohlenhydraten dienen. Die enzymatische Zusammensetzung des Pankreassaftes scheint sich der Ernährung der verschiedenen Reptilienarten anzupassen. Die alkalische Flüssigkeit

neutralisiert den sauren Nahrungsbrei des Magens auf seinem Weg in den Darmkanal. Der erhöhte pH-Wert bietet nun bessere Bedingungen für die Wirksamkeit der Verdauungsenzyme (SKOCZYLAS 1978). Beispielsweise wurde für den Stärkeabbau durch Bauchspeichelenzyme der Maurischen Landschildkröte (*Testudo graeca*) ein pH-Optimum im schwach sauren Bereich um 6,5 gemessen (WOLVEKAMP 1928).

Galle dient der Ausscheidung nicht weiter verwertbarer Stoffwechselprodukte, insbesondere von bestimmten Fetten und Cholesterol sowie von Abbauprodukten des roten Blutfarbstoffs (Gallepigmente). Sie ist zudem ein wichtiges Verdauungssekret, da in der Galle enthaltene Stoffe die Verdauung und Aufnahme von Fetten und möglicherweise anderen

Nahrungskomponenten fördern (HASLEWOOD 1967). Gallensäuren werden innerhalb der Leberzellen aus Cholesterol gebildet. Die Absonderung von Galle durch Zusammenziehen der Gallenblase wird durch die Anwesenheit von Fett im Darmkanal eingeleitet (SCHAFFNER 1998).

3.1.2.4 Blind- und Dickdarm, mikrobielle Fermentation

Dem Dünndarm schließen sich Blind- und Dickdarm an. Hier finden sich Kleinstlebewesen, die einen wichtigen Beitrag zur Verdauung bei Pflanzenfressern leisten. Ohne diese Mikroorganismen wäre die Verwertung pflanzlicher Faserstoffe für den Schildkrötenorganismus nicht denkbar. Bei diesen Kleinstlebewesen handelt es sich um eine mehr oder weniger artenreiche Mikroflora (Bakterien) und Mikrofauna (Einzeller). Den Abbau von Grünfuttermitteln übernehmen Bakterien. Man bezeichnet die chemische Umwandlung von Pflanzenfasern durch Bakterien als mikrobielle Fermentation. Bei Schildkröten wird durch die Enzyme bestimmter Bakterien der Zugang zum Zellinnern durch den Abbau von Pflanzenfasern und den Aufschluss von Pflanzenzellen überhaupt erst ermöglicht.

Bei pflanzenfressenden Schildkröten ist der weite Dickdarm Hauptort mikrobieller Abbauvorgänge. Dort, aber auch im Blinddarm werden Nährstoffe aufgenommen. Der Dickdarm nimmt überschüssiges Wasser aus dem Nahrungsbrei auf und bereitet auszuscheidende Nahrungsanteile für die Exkretion auf (KING 1996).

3.1.3 Magen- und Darmbewegungen, Passage des Nahrungsbreis

Ein selbstständiges Nervensystem (das vegetative Nervensystem) reguliert u. a. die Bewegungen von Magen und Darm (Motilität) sowie deren Durchblutung und kontrolliert die Absonderung von Verdauungssäften. Die Verweildauer von Nahrungsbrei im Verdauungskanal wird von vielen äußeren und inneren Faktoren beeinflusst. Sie ist unter anderem von der Fütterungsfrequenz und der aufgenommenen Futtermenge abhängig. Werden große Portionen gefressen, so wird auch der Nahrungsbrei schneller weitergeleitet. Bei der Kalifornischen Wüstenschildkröte (*Gopherus agassizii*) hängt die Geschwindigkeit der Darmpassage wesentlich vom Füllungsgrad des Darmkanals ab (MEIENBERGER et al. 1993).

Weitere Einflussfaktoren sind die Art und die chemische Zusammensetzung der Nahrung (z. B. Wasser- und Fasergehalt), die Umgebungs- und bevorzugte Körpertemperatur, die temperaturabhängige Abgabe von Verdauungssäften und die Aktivität der Enzyme (SKOCZYLAS 1978). Pflanzenfresser bedürfen einer vergleichsweise höheren Körpertemperatur, um ihre Nahrung besonders wirtschaftlich zu verwerten (LILLYWHITE u. GATTEN JR. 1995). Niedrige Temperaturen verhindern die Bewegungsaktivität von Magen und Darm, aber binnen kurzer Zeit nach Erwärmung der Tiere setzt die Motilität wieder ein (*Chelydra serpentina*, PATTERSON 1933). Geringe Unterschiede der Tagestemperatur beeinflussen die durchschnittliche Verweildauer nicht (*Iguana iguana*, TROYER 1987). Temperaturabhängig zeigen Reptilien im Bereich der bevorzugten Körpertemperatur eine höhere Futteraufnahme, eine schnellere Darmpassage des Nahrungsbreis und größere Wachstumsraten. Hohe Umgebungstemperaturen im Bereich von 25–35 °C sowie Aktivität des Tieres beschleunigen die Passage von Futterbrei. Die Verweildauer wechselt mit der Länge und dem Fassungsvermögen des Verdauungskanals, in Abhängigkeit von den Darmbewegungen und nicht zuletzt mit der Haltung des Tieres. Die Organfunktionen und Verhaltensweisen von Reptilien werden nämlich durch die Haltungsbedingungen beeinflusst (LILLYWHITE u. GATTEN Jr. 1995). Innere Erregung durch Umweltreize, beispielsweise das Erscheinen eines Menschen, üben möglicherweise einen hemmenden Effekt auf die Motilität aus, selbst bei Tieren, die seit längerer Zeit im Terrarium gepflegt wurden (MACKAY 1968). Bei der Kalifornischen Wüstenschildkröte waren nach gut 18 Tagen (440 Stunden) 95 % eines mit der Nahrung aufgenommenen Markers ausgeschieden worden. Eine Ration Kopfsalat durchläuft den Verdauungstrakt bei *Testudo graeca* bei 28 °C binnen eines Zeitraumes von drei bis acht Tagen. Bei Fütterung von schwer verdaulichen Futter-

Auf dieser Wiese im Hochland von Santa Cruz haben sich mehrere Galápagos-Riesenschildkröten zum Weiden eingefunden.
Foto: H. Werning

mitteln, beispielsweise Disteln oder Gras, verlängert sich die Passage auf 16–28 Tage (LAWRENCE u. JACKSON 1982). Für Galápagos-Riesenschildkröten (*Geochelone nigra*) lag die Verweilzeit von Nahrung im Verdauungskanal bei einer durchschnittlichen Umgebungstemperatur von 23 °C bei 8–18 Tagen (LIESE-GANG et al. 2000). Möglicherweise beeinflussen rückwärts, also entgegen der eigentlichen Darmbewegung verlaufende Wellen die Verweildauer von Nahrungsbrei im Darm der Schildkröte durch Zurückbehalten schwer verdaulicher Futtermittel (HUKU-HARA et al. 1975).

3.1.4 Kotabsatz

Im Kot von Landschildkröten finden sich unverdaute Nahrungsbestandteile wie etwa Blätter und Pilze oder teil-

weise abgebaute Grashalme, Bananen- und Tomatenschalen oder Piniennadeln. Die einzelnen Kotteilchen der meisten pflanzenfressenden Reptilien sind deutlich größer als bei Säugetieren. Es können unverdauliche Bestandteile

In freier Wildbahn kommen die Galápagos-Riesenschildkröten gerne auf Kuhweiden, um dort zu grasen.
Foto: H. Werning

Geochelone nigra bei der Fütterung im Zoo. Mit dem Futter können auch unverdauliche Bestandteile (z. B. Sand) in den Verdauungskanal gelangen. Foto: H. Werning

wie Sand, Kies und gegebenenfalls andere Fremdkörper im Kot enthalten sein (BENEDICT 1932; BJORNDAL 1979; HALLINAN 1923; IVERSON 1982; MOSKOVITS u. BJORNDAL 1990; RICK u. BOWMAN 1961).

3.2 Kotfressen

Wie auch von verschiedenen Säugetieren bekannt, nehmen Schildkröten eigenen oder den Kot von Artgenossen und auch artfremder Individuen auf. Diese Verhaltensweise ermöglicht wahrscheinlich eine weitere und gründlichere Verdauung von Pflanzenbestandteilen. Daneben werden ausgeschiedene Darmsymbionten (also die oben erwähnten Mikoorganismen) wieder aufgenommen (KING 1996). Vermutlich spielt für Jungtiere pflanzenfressender Landschildkröten die Aufnahme von Ausscheidungen erwachsener Tiere eine wesentliche Rolle beim Aufbau der Darmflora (SMITH 1994). Vom pflanzenfressenden Grünen Leguan (*Iguana iguana*) ist bekannt, dass eine Gruppe in Gefangenschaft aufgezogener Schlüpflinge langsamer wuchs als die wild lebende Vergleichsgruppe. Ihre Darmflora war nicht so komplex aufgebaut wie die frei lebender Vertreter. Wurde an in Gefangenschaft geschlüpfte Jungtiere der Kot erwachsener Iguanas verfüttert, so wuchsen diese ebenso schnell wie wild lebende. In der Natur kommen Jungtiere während der ersten Lebenswochen in Kontakt mit Alttieren oder deren Ausscheidungen (TROYER 1982). Eine weitere Bedeutung dürfte der Versorgung mit Vitamin K durch die Aufnahme von Kot zukommen. Vitamin K_2 wird, wie bei anderen Tierarten auch, bei Landschildkröten vermutlich im Dickdarm durch Bakterien hergestellt. Die Aufnahme der Ausscheidungen trägt demnach zur Deckung des Bedarfs bei (KOLB 1998).

4 Energie und Nährstoffe – Stoffwechsel und Bedarf

4.1 Energiebedarf von Reptilien

4.1.1 Grundumsatz

Als Grundumsatz wird derjenige Energieumsatz bezeichnet, den ein waches Tier bei völliger Ruhe in thermoneutraler Umgebung (siehe unten) aufweist, wenn alle Verdauungsvorgänge abgeschlossen sind. Bei Reptilien ist die bevorzugte optimale Umgebungstemperatur nach abgeschlossener Verdauung mit dem Begriff der thermoneutralen Umgebung gleichzusetzen. Zwischen den einzelnen Gruppen des Tierreichs finden sich große Unterschiede in der Ruhestoffwechselrate. Bei den meisten warmblütigen Tierarten liegt der Grundumsatz um 300 kJ/kg^{0,75}. Der Grundumsatz erwachsener, gesunder Reptilien hingegen wird mit 42 kJ/kg^{0,75} beziffert und bewegt sich somit deutlich unter den Werten für endotherme Tiere. PFEFFER (1987) und DONOGHUE u. LANGENBERG (1994) veranschlagen den Grundumsatz wenig aktiver Jungtiere etwa doppelt so hoch wie bei Erwachsenen. Obwohl der Panzer von Schildkröten etwa 15–30 % der Körpermasse ausmacht, seien hier die Verhältnisse ähnlich wie bei anderen Reptilien (DONOGHUE u. LANGENBERG 1994). Nach Untersuchungen von NAGY (1982) ergaben sich allerdings keine deutlichen Unterschiede der Stoffwechselraten frei lebender Jungtiere im Vergleich zu Erwachsenen. Annähernd gleiche Raten wurden bei pflanzen- wie fleischfressenden Echsen (Iguaniden) und der Wüstenschildkröte gemessen.

4.1.2 Erhaltungsbedarf

Die Anforderungen an den Organismus überschreiten den Grundumsatz in Abhängigkeit von den erbrachten Leistungen. Der Energiebedarf von Reptilien und der Erhaltungsfaktor liegen etwa 50 % höher als der Grundumsatz, wenn man Zuschläge für Nahrungsaufnahme, Verdauung und Muskeltätigkeit berücksichtigt. Entsprechend steigt der Bedarf bei Stress und Erkrankung wesentlich (siehe Tab. 2). Für die Erhaltung der Körpertemperatur braucht keine körpereigene Energie aufgebracht zu werden (DONOGHUE u. LANGENBERG 1994), weil Schildkröten ektotherme Tiere sind, ihre Körperwärme also aus der Umgebung beziehen. Entweicht ein Tier aus seinem Terrarium oder Gehege, oder setzt man Schildkröten in eine

Tab. 2 – Energiebedarf von Reptilien bei unterschiedlichen Anforderungen an den Organismus

Anforderungen an den Organismus	Faktor	Grundumsatz [kJ ME/kg^{0,75}]	Energiebedarf [kJ ME/kg^{0,75}]
Terrarienhaltung, Ruhe/Schlaf	1,25 ×		= 52,5
adultes Tier, geringe Aktivität	1,5 ×		= 63,0
adultes Tier, aktiv	2 ×	42	= 84,0
Wachstumsphase, geringe Aktivität	2 ×		= 84,0
Trächtigkeit	2 ×		= 84,0
Stress, Trauma	2,0–2,5 ×		= 84–105

(nach DONOGHUE u. LANGENBERG 1994)

neue Umgebung, so wird durch Erkundungsverhalten und Stress mehr Energie verbraucht, und es kann zu Gewichtsverlusten kommen. Dies gilt auch für anhaltende Aggression innerhalb einer Gruppe oder andere Stresssituationen, beispielsweise Fortpflanzung oder Parasitenbefall. Im Wesentlichen wird der Energiebedarf von Reptilien von der Körper- bzw. Umgebungstemperatur und der Körpermasse bestimmt (BENNETT u. DAWSON 1976). Eine erhöhte Umgebungstemperatur steigert die Stoffwechselrate, und somit nimmt der Energiebedarf zu (LILLYWHITE u. GATTEN Jr. 1995). Im Rahmen lang andauernder Hungerperioden reduziert sich der Grundumsatz dramatisch (BELKIN 1965; BENEDICT 1932). Reptilien werden als Ektotherme bezeichnet, da ihre Körperfunktionen von äußeren Wärmequellen abhängen. Die körpereigene Wärmeerzeugung ist bis auf wenige Ausnahmen nicht ausreichend, um die Körpertemperatur deutlich über die Umgebungstemperatur anzuheben. Aus der Ektothermie ergeben sich wichtige Konsequenzen für die Terrarienhaltung. Zunächst ist der Energiebedarf von Reptilien vergleichsweise gering, da keine körpereigen gebildete Energie für die Erhaltung der Körpertemperatur aufgebracht werden muss, wie oben bereits erwähnt. Daneben ruhen die Tiere viele Stunden des Tages bei geringer Körpertemperatur. Der Futterbedarf ist zudem bei verschiedenen Arten durch relativ lange inaktive Phasen erniedrigt (LILLYWHITE u. GATTEN JR. 1995; NAGY 1982). Reptilien sind nicht streng poikilotherme Tiere; die meisten von ihnen sind durch ihr Verhalten zu erstaunlich genauer Thermoregulation befähigt (AVERY 1982; BARTHOLOMEW 1966; HERTZ 1992; MUTH 1977). Unterschiedliche Arten haben verschiedene bevorzugte Körpertemperaturen. Diese wechselt je nach Jahreszeit, Fütterung und Ernährung, Aktivität, Fortpflanzung sowie mit dem physiologischen Status einschließlich Erkrankungen (LILLYWHITE u. GATTEN JR. 1995).

Im Gegensatz zu pflanzenfressenden Säugetieren, denen nach der Geburt Muttermilch zur Verfügung steht, müssen frisch geschlüpfte Reptilien selbst auf Nahrungssuche gehen und das in der Umgebung befindliche Nahrungsangebot nutzen. Zudem vervielfachen Schlüpflinge ihre Körpermasse um dreistellige Faktoren, wenn sie vom Schlupfgewicht zum erwachsenen Tier mit hoher Körpermasse heranwachsen. Der Energiebedarf junger Reptilien pro Einheit Körpermasse ist größer als bei adulten Tieren: Sie müssen einen vergleichsweise hohen Anteil an Energie für Erhaltung aufbringen. Hinzu kommt die für das Wachstum notwendige Energie. Beispielsweise begegnen Schlüpflinge und Jungtiere des Grünen Leguans dieser Herausforderung, indem sie Nahrung auswählen, die einen höheren Anteil an verdaulichem Eiweiß enthält. Auch ist bei ihnen die Darmpassage des Nahrungsbreis beschleunigt – möglicherweise unterstützt durch höhere bevorzugte Körpertemperaturen. Eine schnellere Aufnahme von Eiweißen bei Schlüpflingen ist womöglich einer größeren relativen Resorptionsfläche des Darmes im Vergleich zu adulten Tieren zuzuschreiben (TROYER 1984a).
Bei Schildkröten werden Fette teilweise unter der Haut oder innerhalb der Körperhöhle gespeichert. Sie greifen während der Fortpflanzungsperiode auf ihre Fettreserven zurück und bauen diese vor der Winterruhe wieder auf. Bei ganzjährig geschlechtsaktiven Arten ist meist kein Fettzyklus (Auf- und Abbau der Reserven nach wiederkehrendem Muster) zu beobachten (DERICKSON 1976).

4.2 Nährstoffe

Der Begriff Nährstoffe bezeichnet die im Futter enthaltenen Stoffe organischen Ursprungs (Eiweiße, Fette und Kohlenhydrate). Das beste Verhältnis von Nährstoffen in der Ration hängt von der jeweiligen Herkunft einer Landschildkröte, ihrem Lebensraum, ab, außerdem von

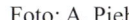

Die Steppenschildkröte (*Testudo horsfieldii*) ist nur vier bis sechs Monate im Jahr aktiv. In dieser Zeit muss sie sich fortpflanzen und auch die Reserven für den langen Winter zulegen.   Foto: T. u. S. Vinke

Schlüpflinge der Spaltenschildkröte (*Malacochersus tornieri*) verlassen ihr Versteck nur ungern, um Nahrung zu suchen.   Foto: T. u. S. Vinke

Jungtier der Maurischen Landschildkröte (*Testudo graeca*) im Habitat Nordostlibyen.
Foto: A. Pieh

den Futteraufnahmegewohnheiten und dem Aufbau des Verdauungstrakts. Fleischfressern dienen in erster Linie Fette und Eiweiße als Energieträger, Pflanzenfresser nutzen dagegen hauptsächlich lösliche Kohlenhydrate und pflanzliche Faserstoffe. Gesunde Pflanzenfresser gewinnen bis zu 25 % der Energie aus Eiweiß, weniger als 10 % aus Fetten und mehr als 50 % aus dem Abbau von Kohlenhydraten. Unter Herbivoren (Pflanzenfressern) scheinen gewisse Nährstoffe eine tragende Rolle bei der Auswahl bestimmter Einzelfuttersorten zu spielen, deutlich mehr als der Energiegehalt eines Futtermittels (MOSKOVITS u. BJORNDAL 1990).

4.2.1 Eiweiße und Aminosäuren

An Eiweiße sind viele Lebensfunktionen gebunden. Die Bausteine der Eiweiße sind die Aminosäuren. Diese bilden die Grundlage aller körpereigenen Gewebe einschließlich des Blutes. Der Eiweißbedarf von Reptilien ist in der Wachstumsphase wie bei allen Tieren erhöht, ein Mangel kann Wachstum und Abwehrfunktionen negativ beeinflussen (DENNERT 1999a). Die Verdauung von Eiweiß erfolgt durch Enzyme und beginnt im Magen. Im Dünndarm wird die Aufspaltung durch Enzyme der Bauspeicheldrüse fortgesetzt. Die Verwertung von Eiweiß scheint bei Reptilien durch den enzymatischen Abbau begrenzt zu sein, nicht durch dessen Aufnahme oder Verstoffwechslung (COULSON u. HERNANDEZ 1970).

Ausgehend von den Ernährungsgewohnheiten Europäischer Landschildkröten in ihren natürlichen Lebensräumen kann von einem Eiweißanteil bis 20 % in der Futtertrockensubstanz ausgegangen werden. Der Eiweißanteil in der Trockensubstanz von „wild wachsendem" Grünfutter bewegt sich von gut 12 % in Wiesenheu über knapp 18 % in Löwenzahnblättern bis zu 25 % in der Brennnessel. Handelsübliche Salatsorten wie etwa Kopfsalat, Lattuga, Batavia, Eisbergsalat und Endivien erreichen in der Trockensubstanz meist vergleichsweise hohe Eiweißgehalte von 25 % (siehe auch Tab. II im Anhang).

Nimmt ein Pflanzenfresser vermehrt tierisches Eiweiß zu sich, so fallen während des Abbaus gehäuft Vorstufen von Harnsäure an. Möglicherweise wird die Ausscheidungsfähigkeit der Landschildkröte überschritten, und es kann zur Anreicherung von Harnsäure im Blut und deren Ablagerung im Organismus kommen (siehe auch Abschnitt über ernährungsbedingte Erkrankungen, Gicht). Die Überversorgung junger Landschildkröten, beispielsweise von *Testudo hermanni*, mit Eiweiß hat eine außer-

---

- ROHNÄHRSTOFFE -

ROHPROTEIN (Eiweiß)

- Proteinverdauung beginnt im Magen (Pepsin), wird im Dünndarm fortgesetzt (Pankreasenzyme)
- Bausteine sind Aminosäuren
- Aufbau von Körpergeweben (also erhöhter Bedarf in der Wachstumsphase)
- Pflanzenfresser: Jungtiere 25 %, Adulte bis 20 % i.d. TS

Abb. 4

Die Grünfutter fressenden Landschildkröten (hier *Testudo hermanni*) dürfen mit der Nahrung nicht zu viel Eiweiß erhalten.   Foto: M. Schmidt

Testudo graeca im Habitat Nordosttunesien – der Eiweißanteil des in der Natur häufig gefressenen Wiesenheus liegt bei nur 12 %.   Foto: A. Pieh

gewöhnliche Verdickung von Carapax und Plastron zur Folge (ZWART 2000).

4.2.2 Fette und Fettsäuren

Fette sind wesentliche Energieträger in Futtermitteln. Allerdings nimmt diese Funktion je nach der Ernährungsweise eines Tieres einen unterschiedlichen Stellenwert ein. Wie bereits oben erwähnt, dienen Fleischfressern in erster Linie Fette und Eiweiße als Energieträger. Pflanzenfresser hingegen gewinnen weniger als 10 % der Energie aus Fetten, bis zu 25 % aus Eiweiß und mehr als 50 % aus dem Abbau von Kohlenhydraten. Neben der Funktion von Fetten als Brennstoffmoleküle übernehmen die Fettsäuren weitere bedeutende Aufgaben im Organismus. Sie sind wichtige Bestandteile biologischer Membranen, und Abkömmlinge der Fettsäuren dienen als Hormone (Botenstoffe) innerhalb des Organismus.

Der Fettabbau beginnt im Magen, erfolgt jedoch vorwiegend im Dünndarm. Dort spalten hauptsächlich Enzyme der Bauchspeicheldrüse die Nahrungsfette. Unter Mitwirkung von Galle wird die Aufnahme der Spaltprodukte in den Organismus ermöglicht. Leider beschäftigen sich die vorliegenden Untersuchungen zum Fettsäure-Stoffwechsel im Wesentlichen mit den Gegebenheiten bei Fleischfressern oder vermehrt fleischfressenden Reptilien (DENNERT 1997).

Der Fettanteil in der Nahrung für Pflanzenfresser ist deutlich unter 10 % in der Futtertrockensubstanz anzunehmen. Wild wachsendes Grünfutter erfüllt diese Anforderungen. Hier liegt der Fett-

anteil in der Trockensubstanz zwischen 2,2 % in Vogelmiere bis 4,4 % in jungem Weidegras; das handelsübliche Blattgemüse erreicht bis zu 6,5 % (Batavia, Chinakohl).

Veröffentlichungen über primäre Störungen im Fettstoffwechsel liegen soweit nur zu vermehrt fleischfressenden Reptilien vor (ZWART 2000). Übergewicht kann möglicherweise Ursache für eine erhöhte Fettbelastung der Leber sein (WARE 2000).

4.2.3 Rohfaser, Kohlenhydrate

Rohfaser ist in der Tierernährung umschrieben als der asche- und fettfreie Rückstand von Futtermitteln, der nach dem Kochen in verdünnter Schwefelsäure und Kalilauge verbleibt. Im Prinzip sind damit Pflanzenzellwandstoffe gemeint. Pflanzliche Gerüstsubstanzen setzen sich im Wesentlichen aus Zellulose, Hemizellulose und Lignin, Pektin und weiteren Begleitstoffen zusammen (MEYER et al. 1993).

Die große Bedeutung pflanzlicher Faserstoffe für die Ernährung pflanzenfressender Landschildkröten ist im Aufbau und der Funktionsweise des Verdauungstrakts begründet. Eiweiße

---

- ROHNÄHRSTOFFE -

ROHFETT

- <u>Abbau</u> enzymatisch im Dünndarm; Abbauprodukte sind Glycerin und Fettsäuren
- <u>Fettsäuren</u> sind wichtige Bestandteile biologischer Membranen; Abkömmlinge dienen als Hormone; Brennstoffmoleküle
- <u>Pflanzenfresser</u>: unter 10 % i.d. Trockensubstanz

Abb. 5

- ROHNÄHRSTOFFE -

ROHFASER
(pflanzliche Faserstoffe)

- **Abbau** durch Mikroorganismen in Blind- und Dickdarm
- beinhaltet z.B. Anteile von Zellulose
- **Rohfaser** stimuliert die Darmmotorik
- **Pflanzenfresser:**
  mindestens 12 %, besser 20-30 % i.d. TS

Abb. 6

und andere Nährstoffe der Pflanzenzelle werden im Magen aufgeschlossen, dann wird der Rest der Pflanzenzelle im Dickdarm der Fermentation durch Mikroorganismen zugetragen (KING 1996, MCBEE u. MCBEE 1982; TROYER 1984b). Pflanzenfressende Reptilien sind Dickdarmverdauer, ähnlich den nicht wiederkäuenden pflanzenfressenden Säugetieren. Die Spezialisierung auf pflanzliche Nahrung spiegelt sich in einem weiten Dickdarm wider, dem artabhängig ein deutlich ausgeprägter Blinddarm vorangestellt sein kann. Blind- und Dickdarm beherbergen eine mehr oder weniger artenreiche Mikroflora (Bakterien) und Mikrofauna (Einzeller). Der Abbau von Grünfuttermitteln erfolgt durch Bakterien. Die Zelluloseverdauung erfordert deren Anwesenheit im Verdauungskanal, da kein körpereigenes Enzym dazu befähigt ist. Durch die Enzyme bestimmter Bakterien wird der Abbau von Pflanzenfasern und der Aufschluss von Pflanzenzellen überhaupt erst ermöglicht (so genannte mikrobielle Fermentation). Ohne diese Mikroorganismen wäre die Verwertung pflanzlicher Faserstoffe für den Schildkrötenorganismus nicht denkbar. Untersuchungen zum Abbau pflanzlicher Fasern bei der Schildkröte liegen nicht vor. Solange keine genaueren Ergebnisse verfügbar sind, werden Erhebungen an anderen pflanzenfressenden Reptilienarten auf die Verhältnisse bei Grünfutter fressenden Landschildkröten übertragen. Beim herbivoren Grünen Leguan wird beispielsweise Hemizellulose zu 70 % im Vorderdarm (Magen und anfänglicher Dünndarmbereich) aufgenommen, die restlichen 30 % in Blind- und Dickdarm. Hemizellulose ist allgemein besser verdaulich als Zellulose und insbesondere Lignin. Zellulose hingegen wird großteils in Blind- und Dickdarm abgebaut.

Für pflanzenfressende Reptilien ist ein Rohfaser-Bedarf von wenigstens 12 % in der Trockensubstanz der Nahrung zu veranschlagen, wobei 20–30 % vermutlich näher am Optimum liegen. Der Rohfaseranteil in der Ernährung von Pflanzenfressern im natürlichen Lebensraum bewegt sich zwischen 10 und 40 % in der Trockensubstanz (DONOGHUE u. LANGENBERG 1994). Der Faseranteil von wild wachsenden Kräutern liegt zwischen 12 % (Vogelmiere) und 16,5 % (Brennnessel), Futterpflanzen wie Rotklee und Luzerne enthalten über 20 % Rohfaser in der Trockensubstanz. Besonders faserreich ist Stroh (über 40 % in der Trockensubstanz). Eine genaue Aufstellung der Zusammensetzung verschiedener Futterpflanzen ist Tabelle II im Anhang zu entnehmen. Für Pflanzenfresser existiert ein Maximal-

Die Strahlenschildkröte (*Geochelone radiata*) bevorzugt Grünfutter als Nahrung.   Foto: T. u. S. Vinke

gehalt an pflanzlichen Faserstoffen im Futtermittel, über den hinaus das Tier nicht ausreichend Energie pro Zeiteinheit verstoffwechseln kann, um seinen Energiebedarf zu decken (je nach Typ des Fermentationssystems und Körpergröße des Individuums). In vielen Fällen überschreiten Pflanzen diesen Maximalgehalt (DEMMENT u. VAN SOEST 1982).

Rohfaser fördert die Darmaktivität, und pflanzliche Faserstoffe verkörpern Energie für herbivore Tiere. Der Grüne Leguan deckt beispielsweise 30–40 % seines Energiebedarfes über die Dickdarmfermentation (MCBEE u. MCBEE 1982); *Chelonia mydas*, die Suppenschildkröte, die sich vorwiegend von Seetang ernährt, erhält auf diese Weise mindestens 15,2 % ihres täglichen Energiebedarfes (BJORNDAL 1979).

Rohfaserverdauung liefert etwa 2 Kilokalorien (8 Kilojoule) je Gramm Trockensubstanz (DONOGHUE u. LANGENBERG 1994).

Kohlenhydrate

Unter dem Begriff der Kohlenhydrate werden komplexe organische Verbindungen aus Kohlenstoff, Sauerstoff und Wasserstoff zusammengefasst. Sie nehmen einen wesentlichen Anteil in den meisten Futtermitteln ein. Zu den Kohlenhydraten zählen beispielsweise Stärke, Zellulose und Glukose (Traubenzucker). Zellulose ist ein bedeutendes Gerüst-Kohlenhydrat. Sie ist ein riesiges Molekül aus Zuckereinheiten, ähnlich der Stärke, und auch Chitin gleicht in seinem Aufbau der Zellulose. Die Bindungen der Zuckereinheiten in Zellulose bilden lange gerade Ketten, aus denen Fibrillen mit hoher Zugfestigkeit entstehen, beispielsweise Pflanzenfasern.

Glykogen ist das Reserve-Kohlenhydrat der Tiere. Auch Schildkröten speichern Kohlenhydrate in Form von Glykogen in der Leber. Selbst im Frühjahr, nach Beendigung des Winterschlafs der Europäischen Landschildkröten, ist die Leber noch reich an Glykogen. Bleibt eine Schildkröte nach dem Winterschlaf appetitlos, hat dies einen niedrigen Blutzuckerspiegel zur Folge. Diese Tiere haben einen niedrigen Glykogengehalt in der Leber und sollten tierärztlich versorgt werden. Untersuchungen zum Kohlenhydratbedarf von Schildkröten liegen nicht vor (ZWART 2000).

4.3 Mineralstoffe

Neben den Nährstoffen sind in Futtermitteln die so genannten Mineralstoffe und Spurenelemente sowie Wasser in unterschiedlicher Menge enthalten. Bevor im Futter enthaltene Mineralstoffe vom Organismus aufgenommen werden können, müssen sie während des Verdauungsvorgangs aus ihrer Verbindung gelöst werden. Dies geschieht etwa durch Säureeinwirkung der Salzsäure im Magen oder durch Säuren bakterieller Herkunft (Darmflora).

4.3.1 Kalzium (Ca) und Phosphor (P)

4.3.1.1 Stoffwechsel und Bedarf

Den Mineralstoffen Kalzium und Phosphor muss besonders große Beachtung geschenkt werden, weil ihnen wichtige Funktionen im Stoffwechselgeschehen zukommen. Beispielsweise ist Kalzium an der Blutgerinnung beteiligt, an Enzymaktivitäten, an der Erregbarkeit von Nerven, der Kontraktion von Muskelgewebe und nicht zuletzt an der Festigung von Knochengewebe. Phosphor ist ein Bestandteil des Erbgutes sowie von Eiweißen und Enzymen, es spielt eine wesentliche Rolle bei der Mineralisation von Knochengewebe und dient als Energieträger und -speicher im Organismus. Der Kalziumstoffwechsel (Aufnahme, Transport, Verwertung und Ausscheidung) steht in direktem Zusammenhang mit dem Phosphorstoffwechsel. Um einen reibungslosen Ablauf dieser Vorgänge sicherzustellen, bedarf es eines Ca/P-Verhältnisses in der Nahrung von mindestens 1:1. Besser sollte sich das Ca/P-Verhältnis in der Ration um 1,5:1 bis 2:1 bewegen. Voraussetzung ist, dass eine ausreichende Menge an Vitamin D_3 zur Verfügung steht und aufgenommen wird. Vitamin D_3 fördert u. a. die Aufnahme von Kalzium aus dem Darm.

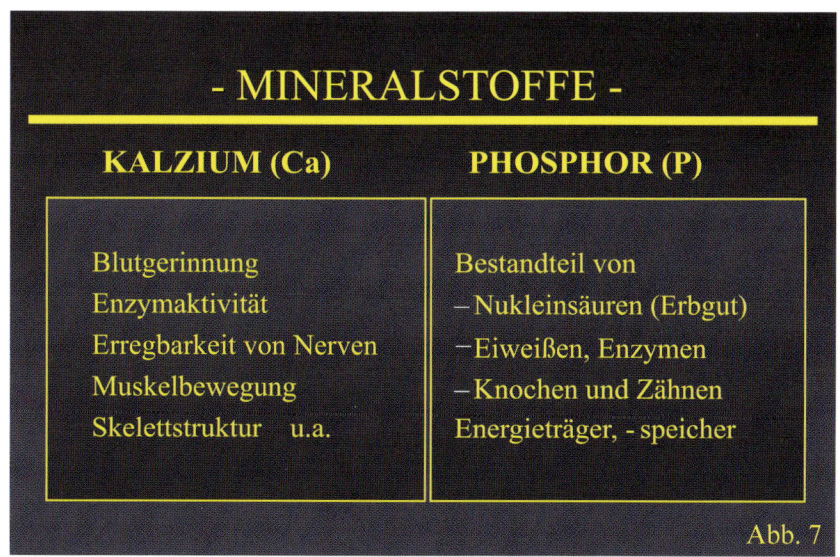

Abb. 7

Tab. 3 – Plasmaspiegel von Kalzium und Phosphat bei verschiedenen Schildkrötenarten

Spezies	Ca	P	Quelle
	[mmol/l]		
Spaltenschildkröte (*Malacochersus tornieri*)	2,4–4,6	0,7–1,4	RAPHAEL et al. (1994)
Strahlenschildkröte (*Testudo radiata*)	2,7–3,6	0,8–1,5	MARKS u. CITINO (1990)
Kalifornische Wüstenschildkröte (*Gopherus agassizii*)	2,3–4,3	–	WALLACH (1983)

Das Kapitel 4.4.2 über fettlösliche Vitamine beschäftigt sich eingehender mit der Funktion und Wirkungsweise des Vitamins D_3. Der Kalziumbedarf von Schildkröten sollte aufgrund des Panzergewebes mit 1,5 % in der Trockensubstanz der Nahrung hoch veranschlagt werden, der Phosphorbedarf mit 0,8 % TS. Das Gleiche gilt für tragende Tiere (DENNERT 1997; DONOGHUE 1995a; DONOGHUE u. LANGENBERG 1994). HIGHFIELD (1990) und PAGE u. MAUTINO (1990) vermuten deutlich höhere Bedarfszahlen. Nach Ansicht der Autorin liegen diese nicht im optimalen Bereich.

Reptilien besitzen die wichtigsten Hormone und Gewebe, die auch bei den Säugern mit der Regulation des Kalziumhaushalts in Zusammenhang stehen (DACKE 1979). Der Kalziumspiegel im Blut unterliegt bei Reptilien offensichtlich wesentlich größeren Schwankungen als bei Warmblütern. Der Plasma-Kalziumgehalt von Reptilien bewegt sich von 2–5 mmol/l (CAMPBELL 1996), mit Ausnahme einiger Landschildkröten, deren Plasma-Kalzium mit 0,5–1,25 mmol/l tiefer liegt. Im Plasma geschlechtsaktiver weiblicher Reptilien steigen die Kalziumgehalte deutlich an (Hyperkalzämie im Rahmen der Dotter- und Eischalenbildung; DACKE 1979; SIMKISS 1967).

Weitere Daten zum Kalziumspiegel im Plasma von Schildkröten finden sich in Tabelle 3. Bei weiblichen Wasserschildkröten ist die Zeit der Eischalen-Anbildung begleitet von massiver Entmineralisierung der Knochen von Unterarm und Oberschenkel (EDGREN 1960; SUZUKI 1963). Bei ausreichender Verfügbarkeit von Kalzium werden die Speicher kurz nach der Eiablage wieder aufgefüllt (SIMKISS 1967).

4.3.1.2 Korrektur der Diät mit kalziumreichem Ergänzungsfutter

Da wild wachsendes Grünfutter je nach Jahreszeit nicht ständig verfügbar ist, muss über mehr oder weniger lange Zeiträume auf Blattgemüse als Nahrungsgrundlage für Landschildkröten zurückgegriffen werden. Die längerfristige Verfütterung von Salat verursacht jedoch Mangelsituationen, insbesondere im Kalzium- und Phosphorhaushalt, und im weiteren Verlauf ernährungsbedingte Erkrankungen. Durch gezielte Zugabe kalziumreicher Ergänzungsfuttermittel, evtl. in Kombination mit Phosphor, kann Mangelsituationen vorgebeugt werden. Die Möglichkeiten der Ergänzung einer Ration um Kalzium sind zahlreich und preisgünstig. Zu den kalziumreichen Ergänzungsfuttermitteln gehören:

- Sepiaschale: 41 % Kalzium
- Eierschale, kohlensaurer Futterkalk (Kalziumkarbonat): 36 % Kalzium
- Kalziumlaktat: 12 % Kalzium
- Kalziumglukonat: 8,5 % Kalzium

Weiter stehen Kalziumboroglukonat und Kalziumverbindungen mit Phosphor zur Verfügung. Die Zugabe kalziumreicher Präparate

Wild wachsendes Grünfutter im Freigehege wird von allen Europäischen Landschildkröten (hier *Testudo marginata*) gerne angenommen.
Foto: T. u. S. Vinke

Wird das Futter nicht in einem Napf angeboten, nehmen die Schildkröten häufig Bodengrund mit auf.
Foto: M. Schmidt

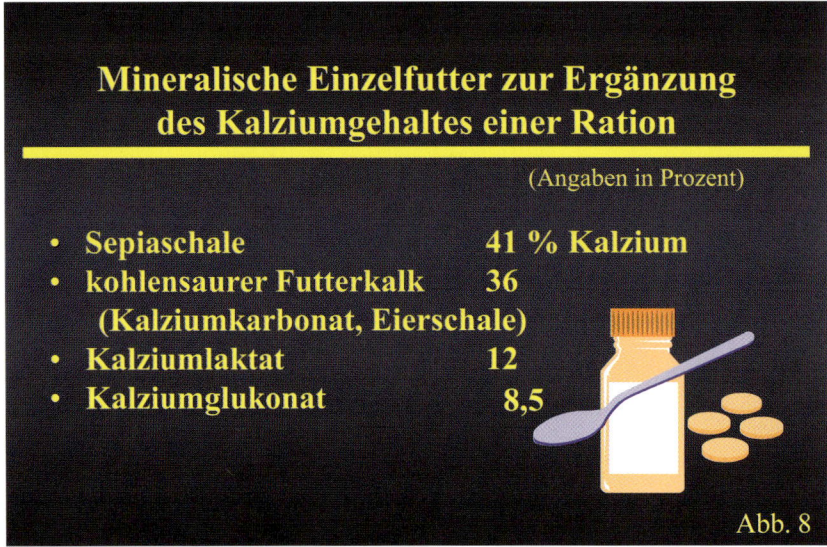

Mineralische Einzelfutter zur Ergänzung des Kalziumgehaltes einer Ration

(Angaben in Prozent)

- **Sepiaschale**   **41 % Kalzium**
- **kohlensaurer Futterkalk**   **36**
  (Kalziumkarbonat, Eierschale)
- **Kalziumlaktat**   **12**
- **Kalziumglukonat**   **8,5**

Abb. 8

zur Nahrung muss jedoch unbedingt überlegt und dosiert erfolgen. Leider wird häufig die Meinung vertreten, Kalzium könne nicht überdosiert werden. Ganz im Gegenteil! Ein Kalziumüberschuss in der Ration kann je nach Begleitumständen zweierlei katastrophale Folgen für das Tier haben:

♦ Variante 1: Kalziumüberversorgung, gleichzeitig Vitamin-D_3-Mangel:

Unter diesen Umständen wird überschüssiges Kalzium wieder ausgeschieden in Form einer unlöslichen Phosphorverbindung (Kalziumtripelphosphat), die der Körper nicht aus dem Darm aufnehmen kann. Also entzieht zu viel Kalzium in der Ration dem Organismus Phosphor, es entsteht ein Phosphormangel. Die Konsequenzen sind im Abschnitt über ernährungsbedingte Erkrankungen nachzulesen.

♦ Variante 2: Kalziumüberversorgung, gleichzeitig Vitamin-D_3-Überschuss:

Es erfolgt massiver Einbau von Kalzium in Organe und Gefäße sowie Knochen.

Vor einer unkontrollierten Verwendung von mineralischen Einzelfuttermitteln zur Ergänzung des Kalziumgehaltes der Ration von Reptilien kann also nur gewarnt werden. Verfügt man selbst nicht über die Möglichkeiten, die Kalzium- und Phosphorgehalte in den unterschiedlichen Futtermitteln und somit die Dosierung von Vitamin- und/oder Mineralstoff-Ergänzungsfuttermitteln richtig abzuschätzen, so sollte den Tieren Sepiaschale oder zerkleinerte Eierschale im Terrarium zur freien Verfügung stehen. Vermengt man das Ergänzungsfutter mit der Nahrung, so nimmt jedes fressende Tier (unabhängig von seinem Bedarf) das Ergänzungsfutter auf. Indem man Sepia oder Eierschale getrennt vom Futter bereitstellt, überlässt man dagegen dem Tier selbst die Entscheidung. Je nach Bedarf wird dann auch in aller Regel entsprechend davon gefressen. Alternativ kann ein geeignetes Präparat einmal wöchentlich direkt ins Maul verabreicht werden (dosiert nach Kilogramm Körpermasse). Manchen Tieren bereitet dieses Vorgehen allerdings großen Stress, und selbstverständlich ist diese Methode aus Zeitgründen nicht praktikabel für größere Gruppen von Landschildkröten. Hier empfiehlt sich die Verabreichung direkt mit der Nahrung. Den Tabellen II bis III im Anhang können die Nährstoffanteile gebräuchlicher pflanzlicher Einzelfuttermittel und deren Gehalte an Kalzium und Phosphor entnommen werden. Abbildung 9 demonstriert beispielhaft den Einsatz von Kalziumkarbonat (etwa pulverisierte Eierschalen) zur Korrektur des unbefriedigenden Ca/P-Verhältnisses in Feldsalat. Schon 0,19 Gramm

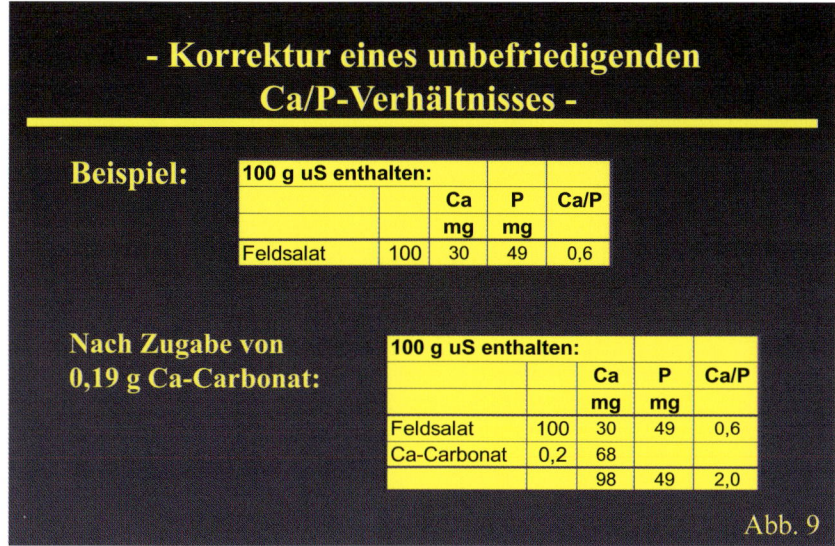

- Korrektur eines unbefriedigenden Ca/P-Verhältnisses -

Beispiel:

100 g uS enthalten:		Ca	P	Ca/P
		mg	mg	
Feldsalat	100	30	49	0,6

Nach Zugabe von 0,19 g Ca-Carbonat:

100 g uS enthalten:		Ca	P	Ca/P
		mg	mg	
Feldsalat	100	30	49	0,6
Ca-Carbonat	0,2	68		
		98	49	2,0

Abb. 9

Kalziumkarbonat genügen, um das Ca/P-Verhältnis in 100 g Feldsalat für Landschildkröten zu optimieren.

4.3.1 Kalium (K)

Der Kaliumgehalt in der Nahrung und insbesondere dessen Verhältnis zum Eiweißgehalt erscheint zumindest für Wüsten bewohnende Schildkröten wie etwa die Kalifornische Wüstenschildkröte (*Gopherus agassizii*) von entscheidender Bedeutung. Das einfach aufgebaute Nephron (Nierenkörperchen mit anschließenden Harnkanälchen) der Reptilien verbietet die Produktion von hochkonzentriertem Harn. Bei Wassermangel wandeln Reptilien zur Harnkonzentrierung Stickstoff zu unlöslichen Salzen der Harnsäure um. Diese können halbfest mit geringem Wasserverlust ausgeschieden werden. Pflanzenfressende Wüsten bewohnende Reptilien begegnen einem weiteren Problem durch die meist kaliumreichen Wüstenpflanzen: Iguanine Echsen (Chuckwallas [*Sauromalus* spp.], Wüstenleguane [*Dipsosaurus* spp.], Drusenköpfe [*Conolophus* spp.]) können Kalium direkt über Salz absondernde Drüsen ausscheiden. Die Kalifornische Wüstenschildkröte verfügt nicht über diese Drüsen, sondern scheidet Kalium in Form von Harnsäuresalzen (Kaliumurate) aus. Dies bedeutet für die Schildkröte einen hohen Stickstoffverlust, da Harnsäure zu etwa einem Drittel aus Stickstoff besteht. Der auf diesem Weg verlorene Stickstoff steht also nicht mehr für den Aufbau von körpereigenem Eiweiß aus Aminosäuren zur Verfügung. Durch Fütterungsversuche wurde belegt, dass *Gopherus* bei kaliumreicher Diät die Nahrungsaufnahme vermindert und gleichzeitig die Wasseraufnahme erhöht. Die Wüstenschildkröte scheidet größere Mengen an Kalium im Urin gelöst und in Form von Harnsäuresalzen aus. Bei gleich bleibender Stickstoffaufnahme und kaliumreicher Diät wird der aufgenommene Stickstoff in erheblichem Umfang für die Ausscheidung des Kaliums in Form von Kaliumuraten verwendet. Selbst bei stickstoffreicher Diät (3,3 % Stickstoff bzw. rund 20 % Eiweiß in der Trockensubstanz) war bei einem Gehalt von 3,8 % Kalium (TS-Basis) unter dem Strich das Zurückhalten von Stickstoff nicht möglich. Die Ergebnisse dieser Fütterungsversuche weisen auf eine deutliche Beeinflussung des Stickstoffhaushaltes durch Kalium in der Nahrung hin. Offensichtlich gilt das Verhältnis von Stickstoff zu Kalium als wichtiger Maßstab für den Nährwert von Pflanzen. Bei kaliumreicher Ernährung enthalten Harnsäuresalze Stickstoff und Kalium im Verhältnis 1,3:1. Würden Stickstoff und Kalium der aufgenom-

Viele Wüstenpflanzen (hier in der Sonora-Wüste in Arizona) sind besonders kalium-reich. Bei kaliumreicher Diät wird eine erhebliche Menge Stickstoff für dessen Aus-scheidung benötigt.   Foto: Heiko Werning

menen Nahrung während des Verdauungsvor-ganges zu 100 % vom Organismus aufgenom-men und Kalium ausschließlich in Form von Harnsäuresalzen ausgeschieden, dann erforder-te die Ausscheidung von einem Gramm Kalium 1,3 g Stickstoff. In wenigen Wüstenpflanzen fin-det sich ein entsprechendes N/K-Verhältnis von 1,3 oder höher. Hierzu zählen jedoch die bevor-zugt aufgenommenen Pflanzen (Hülsenfrüchte: *Lotus*, *Lupinus*; Reiherschnabel: *Erodium*; Malvenblätter: *Sphaeralcea*; Samenstand des Wegerichs: *Plantago*; mediterrane Gräser: *Schismus*; OFTEDAL et al. 1994).

4.4 Vitamine

Vitamine sind organische Verbindungen, die der Körper nicht selbst aufbauen oder nicht in ge-nügender Menge bilden kann. Deshalb müssen sie mit dem Futter aufgenommen werden. Wei-terhin ist die Darmflora eine für den „Wirt" le-bensnotwendige Vitaminquelle. Der Bedarf ei-

nes Organismus an Vitaminen ist von unterschiedlichen Faktoren abhängig und wechselt bei-spielsweise mit der Tierart, dem Alter und der Umwelt. Das erforderliche Minimum an Vita-minen für einen Organismus be-deutet ein Nicht-auftreten von Man-gelerscheinungen mit einer geringen Sicherheitsspanne. Die optimale Be-darfsmenge an le-bensnotwendigen Vitaminen ist für jede Art so zu be-messen, dass die Verabreichung die bestmög-liche Gesundheit und Widerstandskraft gegen Umwelteinflüsse sicherstellt. Stress ist immer eine außergewöhnliche Belastung und fordert also eine erhöhte Zufuhr an Vitaminen. Für ge-sunde Landschildkröten bedeutet dies erhöhten Bedarf vor und nach dem Winterschlaf oder ent-sprechenden Ruhephasen sowie während Paa-rungszeit und Trächtigkeit. Eine besonders gro-ße Rolle spielen Vitamine während des Wachs-tums.

Alle Vitamine werden von lebenden Zellen aus so genannten Provitaminen, nämlich Vorstufen des eigentlich wirksamen Stoffes, aufgebaut. Erst nach weiteren Umbauvorgängen inner-halb des Organismus werden sie wirksam. So kann beispielsweise ein Fehler im Stoffwech-sel auf einer anderen Ebene einen „Vitamin-mangel" verursachen. Eine Vitamin-Mangel-erkrankung muss also nicht unbedingt die Fol-ge von unzureichender Aufnahme des Stoffes sein, vielmehr kann auch die Aufnahme der

Substanz aus dem Darm gestört sein. Im Kapitel über ernährungsbedingte Erkrankungen widmet sich ein Abschnitt den Vitamin-Mangelerkrankungen (Hypovitaminosen) und den Vergiftungen durch Verabreichung zu hoher Mengen fettlöslicher Vitamine (Hypervitaminosen).

4.4.1 Wasserlösliche Vitamine

Wasserlösliche Vitamine mit Ausnahme von B_{12} werden im Gegensatz zu den fettlöslichen im Organismus nur in geringer Menge gespeichert. Deshalb ist deren regelmäßige Bereitstellung mit der Nahrung notwendig. Werden sie im Überschuss aufgenommen, so wird die nicht für den Stoffwechsel benötigte Menge vorwiegend über die Nieren ausgeschieden. Ein Anteil der wasserlöslichen Vitamine wird durch die Darmflora gebildet und direkt über die Darmschleimhaut aufgenommen. Bei Störungen im Verdauungstrakt stellt sich also eine geringere interne

Vitaminversorgung ein, beispielsweise bei Erkrankung der Bauchspeicheldrüse, bei Durchfall und/oder Zerstörung der Darmflora durch Antibiotika. Die Bedeutung der wasserlöslichen Vitamine innerhalb des Stoffwechselgeschehens ist so umfassend, dass hier auf eine detaillierte Darstellung verzichtet werden muss. Diese Wirkstoffe sind an unzähligen Vorgängen im Organismus beteiligt. Entsprechend vielgestaltig und unspezifisch sind auch die meisten Krankheitsbilder, die aus einer Unterversorgung hervorgehen können. Eine Übersicht über das Vorkommen wasserlöslicher Vitamine in pflanzlicher und tierischer Nahrung gibt die nachfolgende Tabelle.

Vitamin C wird beim Geflügel in den Nieren synthetisiert, bei unseren Haussäugetieren in der Leber (KOLB 1998). Bisher wurde bei Reptilien der Aufbau von Vitamin C in der Niere für zwei Echsenarten nachgewiesen (*Hemidactylus flaviviridis* und *Varanus bengalensis*; ALLEN u.

Tab. 4 – Vorkommen der wasserlöslichen Vitamine in der Nahrung

Vitamin	Wirkstoff	Vorkommen in der Nahrung
B_1	Thiamin	Algen, Weizenkeime, Bierhefe/Hefe, Kleie, Brot, Leber, Niere, Fleisch, Spinat, Salat, Eidotter, Fisch
B_2	Riboflavin	Bierhefe; Grünpflanzen, v. a. Luzerne; Grünmehl; Rindfleisch, Rinderleber, Fischfleisch, Muscheln
Niacin	Nicotinsäure und -amid	Bierhefe, Luzerne, rohe Kartoffeln, Fischmehl, Weizenkeime; in allen lebenden Zellen
B_6	Pyridoxin	Bierhefe, Sojabohnen, Kartoffeln (roh), Grüngemüse; Fisch, Leber, Muskelfleisch
H	Biotin	frei in Gemüse, Früchte, Milch, Reiskleie; gebunden in tierischen Geweben, Pflanzensamen, Hefe
(B_{11})	Folsäure	Hefe, Leber, Nieren, grünes Gemüse
B_{12}	Cyanocobalamin	nur in tierischen Erzeugnissen und in Stoffwechselprodukten von Mikroorganismen (Darmflora)
(B_3)	Panthothensäure	Bierhefe, rohe Kartoffeln; Getreide, Hülsenfrüchte; Leber, Niere, Muskel, Hirn, Eigelb; Algen
C	Ascorbinsäure	Früchte, Grünfutter, Leber; Grünalgen, Wasserpflanzen, Rinderleber, Fischrogen

(nach BERSIN 1966; KOLB 1998; MENKE u. HUSS 1987; MEYER u. ZENTEK 1998)

OFTEDAL 1994). In den ersten Wochen nach dem Schlupf ist der Umfang des Aufbaus von Vitamin C beim Geflügel erhöht. Auch Stress und Erkrankungen erfordern eine vermehrte Vitamin-C-Versorgung, da ansonsten eine bestmögliche Funktion des Abwehrsystems nicht gewährleistet ist (KOLB 1998). Es kann davon ausgegangen werden, dass bei Reptilien die Ausscheidungsrate und entsprechend der Bedarf an Vitamin C wie bei Endothermen stressbedingt ansteigen (DONOGHUE 1995b).

4.4.2 Fettlösliche Vitamine

Die fettlöslichen Vitamine A, D, E und K werden dem Organismus mit Fetten zugeführt. Die Aufnahme dieser Vitamine aus dem Darm ist eng verbunden mit der Aufnahme von Fetten. Bei Störungen der Fettverdauung, beispielsweise durch Erkrankung der Bauchspeicheldrüse, ist also auch die Aufnahme fettlöslicher Vitamine gestört. Im Gegensatz zu den wasserlöslichen Vitaminen können die fettlöslichen in der Leber gespeichert werden, teilweise auch im Fettgewebe und in den Nieren. So vermag der Körper Engpässe durch Zugriff auf gespeicherte Vitamine zu überbrücken. Allerdings birgt diese Speicherfähigkeit auch eine große Gefahr: Eine deutlich über dem Bedarf liegende Zufuhr kann zu Vergiftungen führen (siehe Kapitel über ernährungsbedingte Erkrankungen, Hypervitaminosen). Die Tabellen 5 und 6 geben eine Übersicht über die Bedeutung der fettlöslichen Vitamine A, D, E und K für den Organismus, beschreiben deren Vorkommen in der Nahrung und geben den empirisch ermittelten Bedarf für Landschildkröten an.

– Die Leber ist der Hauptspeicherort des **Vitamins A** (KOLB 1998). Eine ausreichende Vitamin-A-Versorgung bzw. Aufnahme von Karotinen ist für eine normale Jungtierentwicklung und die Geschlechtsaktivität maßgeblich. Der wöchentliche Vitamin-A-Bedarf von Landschildkröten wird auf 1.500 I. E. je Kilogramm Körpermasse geschätzt (FOWLER 1980).

Tab. 5 – Fettlösliche Vitamine und ihre Bedeutung für den Organismus

Vitamin	Wirkstoff	Bedeutung im Organismus, Stoffwechselbeteiligung
A	Retinol	Epithelschutz (Infektionsabwehr), Eiweißaufbau, Knochenwachstum, Sehvorgang, Fruchtbarkeit
D_2	Ergocalciferol	Förderung der Aufnahme von Kalzium + Phosphor im Darm, Mobilisierung von Kalzium aus dem Knochen
D_3	Cholecalciferol	
E	Tocopherole	Schutzfunktion (z. B. Zellmembranen), Fruchtbarkeit
K_1	Phyllochinon	Blutgerinnung
K_2	Menachinon	
K_3	Menadion	

Tab. 6 – Vorkommen der fettlöslichen Vitamine in der Nahrung und deren empirisch ermittelter Bedarf für Landschildkröten

Vitamin	Vorkommen in der Nahrung	Bedarf [je kg KM/ Woche]
A	Fischöle, Lebertran Vorstufen (Karotin) in Grünpflanzen und Futtermöhren	1.500 I. E.
D_2	in geringer Menge in Fischleberöl u. einigen Pilzen	nicht bekannt
D_3	tierische Fette; v. a. Leberöl von Dorsch, Heilbutt, Thunfisch; Hühnerei	150 I. E.
E	junges Grünfutter (Gräser, Klee, Luzerne); Grünmehle; Getreide, Mühlennachprodukte, Ölsaaten	1,5 mg
K_1	blattreiche Grünpflanzen; Soja-, Raps-, Olivenöl	nicht bekannt
K_2	wird von vielen Bakterien (z. B. Darmflora) gebildet	
K_3	stabile Form, Verwendung in der Tierernährung und Medizin	

(Tab. 5 u. 6 nach BERSIN 1966; KOLB 1998; MENKE u. HUSS 1987; MEYER u. ZENTEK 1998)

– Die Hauptwirkung von **Vitamin D$_3$** steht in direktem Zusammenhang mit dem Transport und der Bindung von Kalzium. Vitamin D$_3$ erhöht beispielsweise die Aufnahme von Kalzium aus dem Dünndarm und somit den Kalziumspiegel im Blut. Es fördert die Mineralisierung der Knochen und dient der Erhaltung ihres Mineralstoffanteils (KOLB 1998). Der körpereigene Aufbau der wirksamen Form von Vitamin D$_3$ wurde bei Schildkröten nachgewiesen (HENRY u. NORMAN 1975). Der Vitamin-D$_3$-Bedarf liegt nach neueren Erkenntnissen zwischen 500 und 1.000 I. E. Vitamin D$_3$/kg TS (DONOGHUE 1995a). BOYER (1991) ermittelte empirisch für den Grünen Leguan einen wöchentlichen Vitamin-D$_3$-Bedarf von 100–200 I. E. je Kilogramm Körpermasse. Artabhängig bedarf es unter Terrarienbedingungen der UV-Bestrahlung mit Spezialleuchten als Ersatz für das natürliche Sonnenlicht (siehe Kapitel 8: UV-Licht), um dem Organismus die Vitamin-D$_3$-Synthese zu ermöglichen und somit sicherzustellen, dass Kalzium in ausreichender Menge aufgenommen werden kann.

– **Vitamin E** ist der Gruppenname für acht in der Natur vorkommende so genannte Tocopherole, die sich in ihrer biologischen Wirksamkeit unterscheiden (GROPP 1987). In einer Untersuchung über die Verstoffwechslung von Vitamin E bei verschiedenen Tierarten wurde beobachtet, dass die Verwertbarkeit der Verbindungen stark wechselt. Beispielsweise verwertete *Iguana iguana* die wasserlösliche Vitamin-E-Formulierung überhaupt nicht (PAPAS et al. 1990).

Zwischen Vitamin E und dem Spurenelement Selen besteht eine enge funktionelle Beziehung im Organismus. Nur bei ausreichender Selenversorgung ist die optimale Wirksamkeit von Vitamin E gewährleistet. In Selen-Mangelgebieten müssen die Böden daher gedüngt werden oder ein Zusatz von Selen zum Futter erfolgen (Allgäu, Thüringen, Erzgebirge, Niedersachsen, Ostfriesland; KOLB 1998).

In Anlehnung an den Vitaminbedarf von Säugetieren kann auch bei Reptilien davon ausgegangen werden, dass die Vitamine A, D und E in der Diät in einem Verhältnis von 100 I. E./10 I. E./1 mg vorkommen sollten (DONOGHUE u. LANGENBERG 1994). Der Bedarf gesunder pflanzenfressender Landschildkröten an den Vitaminen A, E und K dürfte durch die Aufnahme von frischem Grünfutter in ausreichender Menge gedeckt sein.

4.5 Scheinbare Verdaulichkeit der Ration

Die scheinbare Verdaulichkeit eines Futtermittels beschreibt den Unterschied zwischen der Menge an aufgenommenen und ausgeschiedenen Nährstoffen. Sie wird in Prozent der Nährstoffaufnahme angegeben (MEYER et al. 1993) und wechselt mit der Futterzusammensetzung und -menge, aber auch in Abhängigkeit von individuellen Faktoren. Möglicherweise besteht eine Altersabhängigkeit (hohe Verdaulichkeit bei Jungtieren, weniger hohe Verdaulichkeit bei Erwachsenen; SKOCZYLAS 1978). Beim Wiederkäuer ist die Verdauungsrate (wie schnell verdaut wird) abhängig von der Teilchengröße der Ration. Die Partikelgröße beeinflusst jedoch nicht die Verdaulichkeit bzw. Fermentation der Nahrung (also wieviel von der Nahrung verdaut wird). Eine Übertragbarkeit der Resultate auf pflanzenfressende Reptilien ist wahrscheinlich, da sich die beteiligten Mikroorganismen wie auch die Endprodukte der Fermentation gleichen (BJORNDAL et al. 1990). Konkrete Werte zur scheinbaren Verdaulichkeit bei einigen Schildkrötenarten sind Tabelle 7 zu entnehmen.

Ergebnisse aus Fütterungsversuchen mit unterschiedlichen Schildkröten- und Echsenarten sprechen dafür, dass Pflanzenfresser die Verdaulichkeitswerte eines fleischfressenden Reptils erreichen (BJORNDAL 1985; JOHNSON u. LILLYWHITE 1979; THROCKMORTON 1973).

BJORNDAL (1991) führte mit einer Zierschildkröte (*Trachemys scripta scripta*) Fütterungsversuche mit dreierlei Diäten durch (1. Kleine Wasserlinse, auch als Entengrün bezeichnet; 2. Insektenlarven; 3. Mischung aus Kleiner Wasserlinse und Insektenlarven). Es ergaben sich deutliche Unterschiede in der Verdaulichkeit und der aufgenommenen Futtermenge bei gleich bleibender Passagezeit. Bei Fütterung einer Mischration aus der Kleinen Wasserlinse und Insektenlarven (Diät 3) war die Verdaulichkeit aller Nahrungskomponenten mit Ausnahme der Fette größer als bei ausschließlicher Fütterung von Kleiner Wasserlinse oder Insektenlarven (Diäten 1 und 2). Aus einer definierten Menge Kleiner Wasserlinse konnten bei Zufütterung von Insektenlarven etwa 70 % mehr Energie und 20 % mehr Stickstoff für die Schildkröte gewonnen werden. Die deutlich erhöhte Zellulosefermentation war vermutlich das Ergebnis gesteigerter mikrobieller Aktivität im Darm infolge eines vermehrten Angebots an Stickstoff oder anderer Nährstoffe. Diese Beobachtungen können mit hoher Wahrscheinlichkeit auf die Verhältnisse bei allesfressenden Landschildkröten übertragen werden. So erhöht tierisches Eiweiß in der Ration vermutlich die Verdaulichkeit des pflanzlichen Anteils.

Die scheinbare Verdaulichkeit des Futters ist bei einer durchschnittlichen Tages-Körpertemperatur um 37 °C bei juvenilen Grünen Leguanen deutlich höher als bei 34 °C (TROYER 1987). Nach ZIMMERMANN u. TRACY (1989) bedürfen pflanzenfressende Arten einer vergleichsweise höheren Körpertemperatur, um ihre Nahrung effizient zu verwerten. Temperaturabhängig zeigt *Iguana iguana* bei 35 °C höhere Futteraufnahme, eine schnellere Darmpassage des Nahrungsbreis und größere Wachstumsraten als bei 28 °C (BAER 1993). Ähnliche Ergebnisse finden sich bei allesfressenden Schildkröten (AVERY et al. 1993). Jüngere Untersuchungen lassen jedoch vermuten, dass pflanzliche Faserstoffe zumindest beim Grünen Leguan temperaturunabhängig verdaut werden (BAER 1994; VAN MARKEN LICHTENBELT 1992).

Tab. 7 – Scheinbare Verdaulichkeit unterschiedlicher Futtermittel bei verschiedenen Schildkrötenarten

Spezies	Futtermittel	Scheinbare Verdaulichkeit	Autor
Chelonia mydas (Suppenschildkröte)	Mischfutter (Pellets) auf TS-Basis: Rohfaser 4 %, Stickstoff 4,8–6,6 %	83–86 % TS 82–89 % N [1]	WOOD u. WOOD (1982)
Chelonia mydas	*Thalassia testudinum* (Schildkrötengras) auf TS-Basis: Rohfaser 44 %, Stickstoff 3,4 %	45 - 77 % oS [2]	BJORNDAL (1985)
Chelonia mydas, juvenil	Kabeljau	87 % oS	DAVENPORT et al. (1989)
	Seetang	68 % oS	
Batagur baska (Batagur-Flussschildkröte)	Fisch (TS 20 %)	91,6 % TS	DAVENPORT et al. (1992)
	Ipomoea aquatica (Wasserpflanze; TS 7 %)	43,2 % TS	
Pseudemys nelsoni (Florida-Schmuckschildkröte)	*Hydrilla verticillata* (Wasserpflanze; TS 5,2 %)	83 % TS	BJORNDAL (1985)

[1]) Gesamtstickstoff, [2]) organische Substanz

5 Futtermittelkunde

Das optimale Verhältnis von Eiweiß und Fett, Rohfaser und Kohlenhydraten in der Nahrung hängt ab von der jeweiligen Herkunft einer Art, ihrem Lebensraum, den Futteraufnahmegewohnheiten und dem Aufbau des Verdauungskanals. Um den Nährwert bzw. die Zusammensetzung verschiedener Futtermittel vergleichen zu können, muss ein gemeinsamer Bezugspunkt geschaffen werden. Verschiedene Futtermittel enthalten unterschiedliche Mengen an Wasser. Bezieht man sich bei Angaben zum Nährstoffanteil auf das frische Produkt, auf seine so genannte ursprüngliche Substanz (uS), so kann beispielsweise der Eiweißgehalt von Heu kaum mit dem Eiweißgehalt von Eisbergsalat verglichen werden. Deshalb wird bei einer Futtermittelanalyse die Trockensubstanz (TS) der Nahrung berechnet, um eine Vergleichsbasis für verschiedene Futtermittel zu haben.

5.1 Einzelfuttermittel

5.1.1 Pflanzliche Einzelfuttermittel

Die Ernährung von Landschildkröten erfolgt vorwiegend auf der Basis von Einzelfuttermitteln pflanzlicher Herkunft, nämlich wild wachsendem Grünfutter und Blattgemüse. Als Beifutter erhalten sie weitere Gemüsesorten und Obst. Viele Landschildkröten nehmen Mischungen aus Grünfutter, Heu und Früchten an. Wüsten bewohnende Spezies und Vertreter trockener Lebensräume akzeptieren Heu, teilweise sogar Stroh, Kakteen und wenig wasserhaltige Futtermittel als Nahrung. In der Landschildkrötenhaltung finden nahezu alle handelsüblichen oder im eigenen Garten zu ziehenden und wild wachsenden Pflanzen Verwendung als Einzelfuttermittel – auch deren Früchte sowie Erzeugnisse und Nebenerzeugnisse aus ihrer

Erdbeerstauden sind eine beliebte Abwechslung im Speiseplan. Foto: C. Dennert

Verarbeitung. Angeboten werden Blatt- und andere Gemüse, Gräser, Korb-, Kreuz- und Schmetterlingsblütler, Früchte und Erzeugnisse daraus, Getreide und Getreideprodukte. Die einzelnen Sorten spielen in der Ernährung verschiedener Spezies unterschiedlich große Rollen je nach Nährwert, Verfügbarkeit und Präferenzen der Tiere. Beispielhaft wurden in den Tabellen II u. III im Anhang die Zusammensetzungen pflanzlicher Einzelfuttermittel (Grünfutter, Gemüse und Obst) aufgelistet, die in der Ernährung von Landschildkröten Bedeutung finden.

5.1.1.1 Wild wachsendes Grünfutter

Ausgehend von den im natürlichen Lebensraum verfügbaren Pflanzensorten und dem Gedeihen der meisten europäischen Landschildkrötenarten unter hiesigen Freilandbedingungen scheinen die bei uns einheimischen Wildkräuter – ebenso verschiedene Kulturpflanzen für landwirtschaftliche Nutztiere – durchaus den Bedürfnissen unserer pflanzenfressenden Pfleglinge gerecht zu werden. Wild wachsendem Grünfutter ist aufgrund seiner Zusammensetzung immer der Vorzug vor handelsüblichem Blattgemüse bzw. Salaten zu geben. Wildkräuter und Futterpflanzen enthalten meist weniger Eiweiß, einen höheren Anteil an Faserstoffen und mehr Kalzium und Phosphor bei einem ausgewogenen Ca/P-Verhältnis.

Der Eiweißanteil in der Trockensubstanz von Grünfutter für Landschildkröten bewegt sich von gut 12 % im Wiesenheu über knapp 18 % in Löwenzahnblättern bis zu 25 % in der Brennnessel. Der Fettanteil in der Nahrung für Pflanzenfresser ist deutlich unter 10 % in der Futtertrockensubstanz anzunehmen. Wild wachsendes Grünfutter erfüllt diese Anforderungen mit einem Fettanteil in der Trockensubstanz zwischen 2,2 % in Vogelmiere bis 4,4 % in jungem Weidegras. Der Faseranteil von Wildkräutern liegt zwischen 12 % (Vogelmiere) und 16,5 % (Brennnessel). Futterpflanzen wie Rotklee und Luzerne enthalten über 20 % Rohfaser in der Trockensubstanz. Besonders faserreich ist Stroh (über 40 % in der Trockensubstanz; siehe auch Tab. II im Anhang).

Nachfolgend findet sich beispielhaft eine Reihe von Abbildungen wild wachsender Kräuter, die als Anteil der Ration für Landschildkröten geeignet sind: Löwenzahn, Rot- und Weißklee, Luzerne, Breit- und Spitzwegerich, Brenn- und

Malve (*Malva* ssp.)   Foto: C. Dennert

Taubnesseln, Vogelmiere, Kamille, Giersch, Zaunwinde, Platterbse, Vogelwicke, Kletten-Labkraut, Malve, Storchenschnabel. Von beinahe allen Wildkräutern sind so genannte sekundäre Inhaltsstoffe bekannt, deren vermehrte Aufnahme unterschiedlichste Auswirkungen auf den Organismus haben kann. Nach Ansicht der Autorin birgt insbesondere die Verfütterung nur einer oder weniger Sorten von Wildkräutern

Auch vor Brennnesseln wird nicht haltgemacht!
Foto: T. u. S. Vinke

Rotklee (*Trifolium pratense*)
Foto: C. Dennert

Giersch bzw. Geißfuß (*Aegopodium podagraria*)
Foto: C. Dennert

Spitzwegerich (*Plantago lanceolata*)
Foto: C. Dennert

die Gefahr von Unverträglichkeiten und/oder Erkrankungen durch sekundäre Inhaltsstoffe. Konzentriert man sich bei der Futtersuche nicht nur auf den bekannten Löwenzahn oder Klee, sondern greift man auch nach weniger bekannten Pflanzen wie Spitzwegerich, Giersch, Vogelmiere oder Kletten-Labkraut, so verdünnt man gewissermaßen die Konzentration der einen oder anderen unverträglichen Substanz und senkt das Risiko für das Tier. Kapitel 10.2 beschäftigt sich eingehend mit Unverträglichkeiten und/oder Risiken aus der Aufnahme bestimmter sekundärer Pflanzeninhaltsstoffe durch Reptilien.

5.1.1.2 Haltbar gemachtes Grünfutter

Je nach Jahreszeit muss der Landschildkrötenhalter auf kommerziell erhältliches Frischfutter zurückgreifen. Um den Futterwert von handelsüblichem Blattgemüse bzw. Salaten aufzuwerten, empfiehlt sich die Verwendung von haltbar gemachtem Grünfutter. Um Grünfutter haltbar zu machen, bieten sich verschiedene Methoden an. So entsteht beispielsweise Heu durch Trocknung von Futterpflanzen. Die Namensgebung erfolgt nach der getrockneten Pflanzenart (z. B. Gras-, Klee- oder Luzernenheu) oder nach dem Erntezeitpunkt. Den Futterwert des Heus bestimmen neben der Umwelt insbesondere der Erntetermin und die Trocknungsmethode. Mit Beginn der Blüte sinken der Eiweiß-, Kalzium- und Energiegehalt der Pflanze stetig. Hingegen steigen Rohfaser- und Phosphoranteil. Die Nährstoffgehalte unterscheiden sich je nach Erntezeitpunkt und den im Heu enthaltenen Pflanzen. Der Eiweißgehalt schwankt bei den unterschiedlichen Heusorten stark (8–16 % in der ursprünglichen Substanz, uS). Wird zu Mitte der Blüte geschnitten, so liegt der Eiweißgehalt meist bei 12 % i. d. uS. Der Rohfasergehalt erreicht fast durchweg 25 % i. d. uS (siehe auch Tab. 8). Die Kalzium- und Phosphoranteile unterliegen weiteren Schwankungen. So enthält beispielsweise

Große Brennnessel (*Urtica dioica*)

Stängelumfassende Taubnessel (*Lamium amplexicaule*)

Weide-Wegerich (*Plantago media*)

Fotos:
C. Dennert

Zaunwinde (*Calystegia sepium*)

Storchschnabel (*Geranium* spp.)

Vogel-Wicke (*Vicia* spp.)

Echte Kamille (*Matricaria recutita*)

Vogelmiere (*Stellaria media*)

Fotos:
C. Dennert

Weiße Taubnessel (*Lamium album*)

Weiß-Klee (*Trifolium repens*)

Platterbse (*Lathyrus* spp.)

Klettenlabkraut (*Galium aparine*)

Die Breitrandschildkröte (*Testudo marginata*)
beim Verspeisen ihrer bevorzugten Leckereien –
hier Löwenzahnblüten   Fotos: T. u. S. Vinke

Links: Löwenzahn (*Taraxacum officinale*)
Foto: C. Dennert

Tab. 8 – Zusammensetzung unterschiedlicher Heusorten, Mitte der Blüte.
(Angaben in Prozent der ursprünglichen Substanz, Wassergehalt jeweils 14 %)

Heusorten	Rohprotein	Rohfaser	Kalzium	Phosphor	Ca/P
Wiesenheu	9,5	27	0,6	0,2	3,0
Kleeheu	12,3	25	1,3	0,2	6,5
Luzernenheu	14,5	28	1,3	0,3	4,3

(DENNERT 2000)

Geringe Mengen von z. B. Reptosan®-G als Futterzusatz optimieren das Ca/P-Verhältnis von Feldsalat.
Foto: C. Dennert

Wiesenheu, das zu Ende der Blüte geerntet wurde, ein Drittel des Kalziumgehaltes von Luzernenheu, das vor der Blüte geschnitten wurde. Bei künstlicher Trocknung durch heiße Gase treten die geringsten Verluste an Energie und ß-Karotin auf. Allerdings verliert das Trockengut auf diese Weise seinen Gehalt an Vitamin D vollständig. Mit der unterschiedlichen Wertigkeit der Heusorten schwankt auch die Zusammensetzung der Produkte (DENNERT 2000).

Unabhängig von Schnittzeitpunkt, Pflanzenart und Trocknungsmethode stellt haltbar gemachtes Grünfutter aufgrund seines hohen Rohfasergehalts unbedingt eine große Bereicherung für die Ernährung von Landschildkröten dar. So kann beispielsweise eine geringe Zugabe von pulverisiertem getrockneten Grünfutter die Zusammensetzung von Feldsalat deutlich aufwerten (siehe auch Abb.10). Auch die Verwendung von Heucobs als Ergänzungsfuttermittel für Landschildkröten hat sich im Lauf der vergangenen Jahre ausgeweitet. Die Erfahrungen, Untersuchungen und Veröffentlichungen der Autorin zur Fütterung

Haltbar gemachtes Grünfutter verbessert den Rohfaser- und Kalziumgehalt von Blattgemüse

Beispiel:

100 g uS enthalten:		Rp	Rfa	Ca	P	Ca/P
		%	%	mg	mg	
Feldsalat	100	1,8	1,5	30	49	0,6

Nach Zugabe von 2 g Reptosan-G:

100 g uS enthalten:		Rp	Rfa	Ca	P	Ca/P
		%	%	mg	mg	
Feldsalat	100	1,8	1,5	30	49	0,6
Reptosan-G	2	0,4	0,5	36	5,6	6,4
		2,2	2,0	66	55	1,2

Abb. 10

von Reptilien, insbesondere pflanzenfressender Schildkröten, basieren auf langjährigen Recherchen und Fütterungsversuchen, u. a. mit Heucobs am eigenen Bestand. Nun hat sich die Verwendung von Heucobs als Ergänzungsfuttermittel für viele Arten von Landschildkröten über mehrere Jahre am eigenen Bestand sowie in Zusammenarbeit mit erfolgreichen Schildkrötenhaltern und -züchtern als sinnvoll erwiesen. In der Praxis hat sich der Einsatz von Rohfaser bei Pflanzenfressern mit Durchfallerkrankungen, beispielsweise durch Vermehrung von Hefepilzen oder Einzellern verursacht, als Begleitmaßnahme bewährt. Durch vermehrte Zufuhr von Rohfaser kann die Zusammensetzung der Mikroflora und -fauna in Blind- und Dickdarm teilweise gesteuert werden. Durch Fütterung schwerer verdaulicher Futtermittel verlängert sich die Verweilzeit von Nahrung im

Heucobs (hier Reptosan®-H) enthalten viel Rohfaser und eignen sich hervorragend als Beifutter für Landschildkröten. Foto: C. Dennert

Magen-Darm-Trakt durch den erhöhten Rohfaseranteil auf zwei bis drei Wochen. Auch in der täglichen Fütterungspraxis kommt rohfaserreichem Grünfutter eine wesentliche Bedeutung

Gierig verschlingt diese Breitrandschildkröte aufgeweichte Heucobs. Foto: T. u. S. Vinke

für die Darmgesundheit pflanzenfressender Landschildkröten zu.

Die Gewöhnung von Landschildkröten an die Aufnahme von Heucobs gestaltet sich gelegentlich problematisch. Die Prägung des Tieres auf bestimmte Sorten von Grundfuttermitteln kann die Akzeptanz von haltbar gemachtem Grünfutter stark herabsetzen, da sich schon der Schildkrötenschlüpfling durch den Einfluss des Züchters, später des Halters, auf verschiedene Sorten von Grünfutter und Gemüse, gelegentlich Obst oder in seltenen Fällen Nudeln, Brot, Reis u. Ä. fixiert. Wird also ein bestimmtes Futter bevorzugt angenommen, so deutet dies nicht notwendigerweise auf eine besondere Eignung hin. Die Umgewöhnung gestaltet sich leichter, wenn ein Fastentag eingelegt wird. Am fol-

genden Tag werden dann geringe Mengen des haltbar gemachten Grünfutters unter die gewohnte Ration gemischt. Ist die Umgewöhnung erst gelungen, werden beispielsweise in Wasser aufgeweichte Heucobs freiwillig und gerne von allen pflanzenfressenden Landschildkrötenarten als Rationsergänzung angenommen.

5.1.1.3 Handelsübliche pflanzliche Einzelfuttermittel

5.1.1.3.1 Gemüse
Je nach Jahreszeit und Wohnsituation des Landschildkrötenhalters muss eine mehr oder weniger lange Zeitspanne im Jahr durch Blattgemüse bzw. Salat als Basis der Ernährung überbrückt

Nach kurzer Eingewöhnung nimmt auch die Griechische Landschildkröte Heucobs (hier Reptosan®-H) gerne an.
Foto: T. u. S. Vinke

Viele Landschildkröten ernähren sich vornehmlich von faserreichem Grünfutter.   Foto: H. Werning

Heucobs quellen in viel Wasser und werden als Ergänzungsfutter unter die Ration gemengt.

Foto: C. Dennert

Verschiedene Gemüsesorten   Foto: C. Dennert

werden. Beim Einkauf handelsüblicher Gemüsesorten ist das Herkunftsland zu berücksichtigen. Zwar haben alle in Deutschland verkauften Nahrungsmittel gewisse Auflagen zu erfüllen, allerdings unterscheiden sich die Anbaubedingungen der einzelnen Länder teilweise erheblich. Kommerziell erhältliches Gemüse ist vermutlich auf gedüngtem Boden gewachsen und eventuell gegen Schädlingsbefall behandelt. Ein Befall mit Blattläusen oder Schnecken wäre also durchaus positiv zu deuten. Selten kann auf die Produkte des selbst beobachteten „Bio-Bauern" in der Nachbarschaft zurückgegriffen werden. Die Zusammensetzung verschiedener kommerziell erhältlicher Gemüsesorten ist der Tabelle II im Anhang zu entnehmen.

Handelsübliches Blattgemüse bzw. Salate wie etwa Kopfsalat, Lattuga, Batavia, Eisberg und Endivien erreichen mit mindestens 25 % in der Trockensubstanz meist vergleichsweise hohe Eiweißgehalte (siehe auch Abb. 11) und auch Fettgehalte (bis 6,5 % in Batavia und Chinakohl). Die vermutlichen Bedarfszahlen für Landschildkröten sind somit bei Gemüse in Bezug auf den Eiweiß- und den Fettanteil erreicht. Die Rohfaser bewegt sich in Blattgemüse meist zwischen 10 % bis gut 20 % und erreicht im Chinakohl über 40 % i. d. TS. Im Hinblick auf den Fasergehalt in der Trockensubstanz steht Blattgemüse nun offensichtlich nicht den Wildpflanzen nach. Allerdings muss berücksichtigt werden, dass der Wassergehalt bei Salat etwa um 90 % liegt. Wildkräuter und Futterpflanzen enthalten meist deutlich weniger Wasser und deshalb im Verhältnis mehr Rohfaser in der aufgenommenen Menge Frischfutter. Dem Kalzium- und Phosphorgehalt der Ration ist bei Verfütterung von Gemüse wieder besondere Aufmerksamkeit zu schenken. Generell ist diesbezüglich Blatt-, Stängel- und Blütengemüse der Vorzug vor Wurzel- und Knollengemüse, Gemüsefrüchten und Keimlingen zu geben. Besonders geeignet erscheinen viele Gartenkräuter. Ihre Gehalte an Kalzium und Phosphor sind bedarfsdeckend, und sie weisen ein günstiges Ca/P-Verhältnis auf. Die Kalziumgehalte von Lattuga, Petersilie und Portulak sind mit etwa 1 % Kalzium i. d. TS bei günstigem Ca/P-Verhältnis vermutlich ausreichend, um soeben den Erhaltungsbedarf erwachsener Landschildkröten zu decken. Blattsalate enthalten häufig wenig Kalzium (0,6 % TS) und Phosphor (0,6 %) bei einem nicht optimalen Ca/P-Verhältnis (max. 1:1), doch im Vergleich zu anderem Gemüse liegen sie noch im oberen Bereich. Durch die Beimengung von haltbar gemachtem

Zusammensetzung ausgesuchter Grünfuttermittel

100 g Trockensubstanz enthalten (Angaben in %)					
	Eiweiß	Rohfaser	Ca	P	Ca/P
Endivien	30,7	21,4	0,95	0,95	1,0
Feldsalat (Rapunzel)	27,9	23,0	0,53	0,74	0,7
Eisbergsalat	26,7	11,1	0,44	0,49	0,9
Römersalat (Lattuga)	26,3	12,5	0,94	0,15	6,3
Kopfsalat	25,0	28,8	0,49	0,45	1,1
Brunnenkresse	24,6	22,6	2,77	0,98	2,8
Löwenzahnblätter	17,8	nb	1,10	0,49	2,3

Abb. 11

Eignung heimischer Gemüsesorten als Futtermittel für Europ. Landschildkröten

Blatt-, Stängel- und Blütengemüse, Knollengemüse

Gemüsefrüchte und Keimlinge

Abb. 12

stanz von Blüten- und Stängelgemüse (Broccoli, Blumenkohl, Fenchel) 0,7 % Kalzium, 0,4 % in Wurzel- und Knollengemüse (Kohlrabi, Möhre, Pastinake, Rote Rübe bzw. Rote Beete). Nachfolgend sind die einzelnen Sorten in absteigender Reihenfolge nach ihrem Gehalt an Kalzium geordnet, das Ca/P-Verhältnis ist jeweils in Klammern hinter der Sorte angeführt. Kalziumarme Sorten (unter

Grünfutter (siehe vorheriges Kapitel) kann dieser Missstand ausgeglichen werden. Weiter finden sich durchschnittlich in der Trockensub-

1 % Kalzium in der Trockensubstanz) und ein Ca/P-Verhältnis unter 1:1 bedürfen unbedingt einer Kalziumergänzung.

Tab. 9 – Kalziumgehalte und Ca/P-Verhältnis in handelsüblichem Gemüse

Kalziumgehalt > 1 % in der Trockensubstanz:	
Brunnenkresse	(2,8)
Gartenkresse	(5,6)
Petersilie	(1,9)
Portulak	(2,7)
Broccoli	(1,3)

Kalziumgehalt 0,5–0,99 % in der Trockensubstanz:	
Endiviensalat	(1,0)
Lattuga	(6,3)
Chinakohl	(1,3)
Kohlrabi	(1,4)
Fenchel	(2,1)
Batavia	(0,9)
Schnittbohnen, grün	(1,5)
Feldsalat	(0,7)

Kalziumgehalt 0,1–0,49 % in der Trockensubstanz:	
Kopfsalat	(1,1)
Gurke	(0,7)
Chicorée	(1,0)
Eisbergsalat	(0,9)
Zucchini	(1,3)
Möhre	(1,2)
Pastinake	(0,7)
Kürbis	(0,5)
Blumenkohl	(0,4)
Rote Rübe/ Rote Beete	(0,6)
Aubergine/ Eierfrucht	(1,1)
Tomate	(0,5)
Paprikaschote	(0,4)

5.1.1.3.2 Obst

Häufig werden Früchte von Landschildkröten bevorzugt angenommen. Die Tiere scheinen durch die teils kräftige Färbung von Obst wie magisch angezogen. Möglicherweise sind auch der häufig süße Geschmack oder die meist weiche Beschaffenheit Grund für den hohen Stellenwert von Früchten im „Wunsch-Speiseplan". Wenn allerdings Grünfutter fressende Landschildkröten mehr als den gelegentlichen Apfel oder ein paar Erdbeeren zur Ration erhalten, so ergeben sich daraus häufig schwer stillbare Durchfälle. Diese Durchfälle sind meist die Folge eines gestörten Gleichgewichts der Mikroorganismen im Darm. Fruchtzucker begünstigt z. B. die Vermehrung von Hefen. Anders liegt natürlich die Bedeutung von Obst bei von Natur aus teilweise fruchtfressenden Arten oder bei Allesfressern. Hier spielen möglicherweise noch unbestimmte Bestandteile in verschiedenen Früchten des natürlichen Lebensraums entscheidende Rollen – beispielsweise in der Farbausprägung der Tiere.

Der durchschnittliche Eiweißgehalt in der Trockensubstanz von Früchten liegt bei 5,5 %, der Fettgehalt übersteigt selten 4 %. Beide Parameter sind also unbedenklich. Ein zu hoher Eiweißgehalt würde beispielsweise zu hohe Wachstumsraten verursachen oder zu einer Anreicherung von Harnsäure im Organismus führen. Allesfresser decken ihren Eiweißbedarf ohnehin auch über den tierischen Anteil in der Ration. Wird Obst als Beifutter eingesetzt, so hat auch hier – wie beim Gemüse – die Auswahl aufgrund des Gehalts

Verschiedene Obstsorten   Foto: C. Dennert

an Kalzium und Phosphor und unter Berücksichtigung des Ca/P-Verhältnisses zu erfolgen. „Beeren" sollte der Vorzug vor Kern- und Steinobst gegeben werden. Sie haben den doppelten (Weintraube) bis sechsfachen (Brombeere) Kalziumgehalt von Kernobst (Apfel, Birne, Quitte) in der Trockensubstanz. Handelsübliches Obst hat zwar gemeinhin einen geringen Kalzium- und Phoshorgehalt, doch zumindest weisen einige Beerensorten ein günstiges

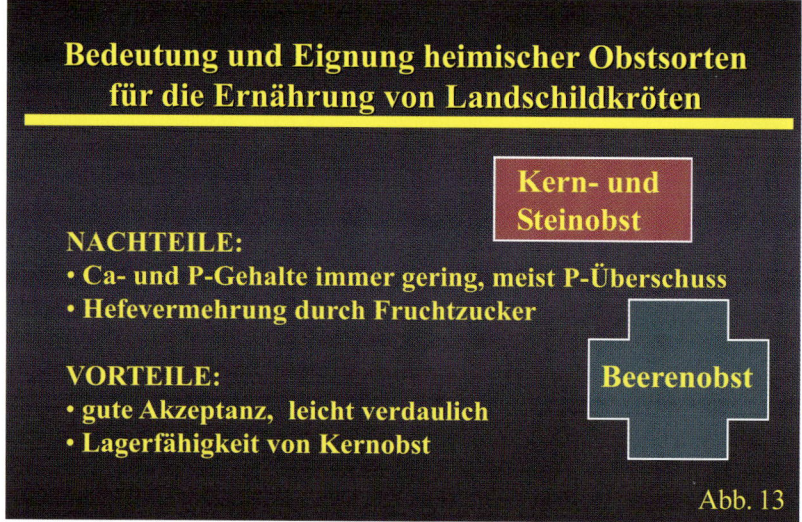

Bedeutung und Eignung heimischer Obstsorten für die Ernährung von Landschildkröten

Kern- und Steinobst

NACHTEILE:
• Ca- und P-Gehalte immer gering, meist P-Überschuss
• Hefevermehrung durch Fruchtzucker

VORTEILE:
• gute Akzeptanz, leicht verdaulich
• Lagerfähigkeit von Kernobst

Beerenobst

Abb. 13

Ca/P-Verhältnis zwischen 1,1:1 (Johannis-, Stachel- und Boysenbeere) und 1,5:1(Brombeere) auf. Brombeere, Johannis- und Stachelbeere enthalten etwa die doppelte Menge Kalzium im

Vergleich zu anderen Beerensorten (siehe auch Tab. III im Anhang). Die Tabelle 10 stellt einen Leitfaden zur Auswahl geeigneter Obstsorten dar.

Tab. 10 – Kalziumgehalte und Ca/P-Verhältnis in handelsüblichen Obstsorten

Kalziumgehalt > 0,3 % in der Trockensubstanz:	
Banane	(3,1)
Kalziumgehalt 0,20–0,29 % in der Trockensubstanz:	
Kaktusfeige	(1,0)
Stachelbeere	(1,0)
Kiwi	(1,2)
Erdbeere	(0,9)
Himbeere	(0,9)
Feige	(1,7)
Brombeere	(1,5)
Orange/Apfelsine	(1,8)
Kalziumgehalt 0,10–0,19 % in der Trockensubstanz:	
Weinbeere, -traube	(0,9)
Kirsche, süß	(0,9)
Kumquat	(0,4)
Guave	(0,5)
Wassermelone	(1,0)
Aprikose	(0,8)
Ananas	(1,8)
Papaya/Baummelone	(1,3)
Johannisbeere, rot	(1,1)
Kalziumgehalt 0,05–0,09 % in der Trockensubstanz:	
Apfel	(0,6)
Birne	(0,7)
Mangostane	(1,4)
Mirabelle	(0,4)

5.1.2 Einzelfuttermittel tierischer Herkunft

Im natürlichen Lebensraum und im Freigehege steht pflanzenfressenden Landschildkröten eine geringe, aber bedarfsdeckende Menge an tierischem Eiweiß zur Verfügung. Sie sind gelegentlich bei der Aufnahme von Aas oder Wirbellosen zu beobachten. Werden Pflanzenfresser im Terrarium gehalten, so braucht kein tierisches Eiweiß zugefüttert zu werden. Vielmehr ist für sie keinesfalls eiweißreiches Zusatzfutter tierischer Herkunft einzusetzen. Allesfressenden Landschildkröten in Terrarienhaltung werden regelmäßig in wechselnder Häufigkeit und Menge Einzelfuttermittel tierischer Herkunft angeboten. Verwendung finden verschiedenste Vertreter des Tierreiches bzw. deren Erzeugnisse und/oder Produkte daraus (Tab. 11). Futtertiere können über den Fachhandel oder direkt über private Anbieter bezogen werden, teilweise sind sie der Natur entnommen. Wirbeltiere und Wirbellose können nach Erwerb von Zuchtgruppen bzw. eines Zuchtansatzes vom Repti-

Tab. 11 – Einzelfuttermittel tierischer Herkunft mit Bedeutung für die Fütterung von allesfressenden Landschildkröten

• Wirbellose	Insekten
	Krebstiere
	Ringelwürmer
	Weichtiere
• Süß- und Seewasserfisch	
• Geflügel und Geflügelerzeugnisse	
• Säugetiere und daraus gewonnene Produkte	

Gelenkschildkröten fressen gerne Würmer.   Foto: C. Ehrlich

plan geeignet. Wirbellose enthalten kein mineralisiertes Skelett, ihr Gehalt an Mineralstoffen und Spurenelementen ist mit rund 5 % einzuschätzen (Regenwürmer ausgenommen). Allgemein zeichnen sich Wirbellose durch einen sehr geringen Kalziumgehalt bei hohem Phosphoranteil aus. Mit Ausnahme frisch geschlüpfter Heimchen und Mehlkäfer ist das Ca/P-Verhältnis deutlich zugunsten des Phosphors verlagert. Es erreicht 0,04:1 bei Mehlwürmern! Demnach muss bei vermehrter Verfütterung von Insekten dem Mineralstoffhaushalt besondere Beachtung geschenkt werden. In der Natur wird der Mineralstoffbedarf dadurch gedeckt, dass eine Vielzahl verschiedener Wirbelloser aufgenommen wird, darunter auch mineralstoffreiche Spezies. Für Terrarientiere bedarf eine Ration auf der Basis von Wirbellosen unbedingt der Aufwertung durch mineralstoffreiche Ergänzungsfuttermittel. Durch gezielte Anreicherung von Wirbellosen vor dem Verfüttern kann ihr ungünstiges Ca/P-Verhältnis umgewichtet werden (DENNERT 1997).

lienhalter auch selbst aufgezogen und/oder nachgezüchtet werden.

Betrachtet man Untersuchungen zur Zusammensetzung vollständiger Wirbeltiere, so kann davon ausgegangen werden, dass durch die Aufnahme ganzer Futtertiere (Wirbeltiere) die Mineralstoffversorgung fleischfressender Reptilienarten gesichert ist. Komplett verfütterte oder verarbeitete Wirbeltiere liefern hochwertiges Eiweiß, Mineralstoffe, Spurenelemente und Vitamine. Entsprechend ist auch in der Ernährung allesfressender Landschildkröten „Mäuseklein" der Vorzug vor Wirbellosen zu geben. Ein vermehrtes Angebot von Wirbellosen gestaltet sich problematisch. Die Eiweißgehalte bewegen sich meist um 60 % in der Trockensubstanz. Der Fettanteil schwankt gruppenabhängig von etwa 5 % bei Regenwürmern bis zu 40 % bei Käferlarven und über 60 % bei Schmetterlingslarven (Tebo-Raupen). Larvenstadien enthalten häufig viel Fett, vermutlich als Energiereserve für die Verpuppung. So sind Mehlwürmer, *Zophobas*, Maden und Raupen nur als gelegentliche Abwechslung im Speise-

5.2 Kommerziell erhältliches Mischfutter für Landschildkröten

Neben Einzelfuttermitteln kommen in der Fütterung von Landschildkröten zunehmend Mischfuttermittel zum Einsatz. Für diese Produkte existieren bislang keine Empfehlungen zur Zusammensetzung, insbesondere zum bedarfsgerechten Energie/Nährstoff-Verhältnis.

Es gibt keinen Maßstab in Form wissenschaftlicher Untersuchungen, anhand dessen Vollwertigkeit und Ausgewogenheit eines Futtermittels für Schildkröten beurteilt werden könnten. Die Herstellung geeigneter Mischfuttermittel für Reptilien, deren Qualität und Zuverlässigkeit den Produkten für die Hundeernährung gleichkommen, erfordert Langzeitstudien, Qualitätskontrolle in jedem Produktionsabschnitt, Zuverlässigkeit in der Etikettierung und der Bereitstellung der Futtermittel sowie Nährwertanalysen. Die größte Sicherheit für Vollwertigkeit und Ausgewogenheit bietet ein langfristiger Fütterungsversuch über den Reproduktionszyklus erwachsener Tiere hinaus mit anschließender Aufzucht der Nachkommen mit demselben Futtermittel. Ziel eines solchen Fütterungsversuches ist die Zusammenstellung einer für alle Wachstumsstadien angepassten Diät (DONOGHUE u. DZANIS 1995). Produktion und Vertrieb von Mischfuttermitteln für Reptilien unterliegen nicht denselben gesetzlichen Bestimmungen wie etwa Produkte für landwirtschaftliche Nutztiere und Hunde oder Katzen. Diese Futtermittel müssen im Interesse der Allgemeinheit strenger überwacht werden. Aufgrund fehlender Vorgaben des Futtermittelrechts sind auch die Deklarationsvorschriften für Reptilienfuttermittel nicht so genau wie für Nutztierfutter bzw. auch Hunde- oder Katzennahrung (SÜLFLOHN 1997).

5.2.1 Bedeutung handelsüblicher Mischfuttermittel für die Ernährung von Schildkröten

Als Alleinfutter deklarierte Mischfuttermittel werden von Schildkrötenhaltern häufig als Beifutter angeboten. Erfreulicherweise werden sie nur selten gemäß der Deklaration des Herstellers, d. h. als ausschließliche Nahrung, eingesetzt. Wie entscheidet man sich für das eine oder andere Mischfuttermittel? Sicherlich steht neben dem Wissen über die Ernährungsgewohnheiten auch eine gewisse Vertrautheit mit dem Lebensraum der Art und dessen Fauna und Flora im Vordergrund. Beim Umsetzen dieses Wissens spielen die Erkenntnisse aus der Tierernährung eine wesentliche Rolle. Überlegungen zur Auswahl pflanzlicher und tierischer Einzelfuttermittel für pflanzen- und allesfressende Landschildkrötenarten finden sich im vorangegangenen Abschnitt. Die Zutatenliste eines Futtermittels lässt Vermutungen über dessen Eignung und Verdaulichkeit zu. Inhalte tierischer Herkunft sind meist leichter verdaulich als pflanzliche Bestandteile, aber nicht geeignet für Pflanzenfresser. Mittels einer Futtermittelanalyse können Angaben zum Energiegehalt eines Produkts und anteilig auch der Brennstoffe gemacht werden. Berechnet man die Nährstoffgehalte verschiedener Produkte auf Basis der Trockensubstanz, können Vergleiche zwischen Produkten gezogen werden. Um ein Futtermittel in der Forschung zuverlässig beurteilen zu können, ist ein Fütterungsversuch unerlässlich. Dabei werden Körpergewicht und Kondition der Probanden aufgenommen und registriert, Blutproben und Ausscheidungen untersucht sowie Wachstum bei Jungtieren und Fruchtbarkeit bei Erwachsenen bewertet. Doch selbst bei bedarfsgerechter Zusammenstellung und Fertigung so genannter Alleinfuttermittel für Schildkröten können diese nach Ansicht der Autorin nur eine sinnvolle Ergänzung für die Ernährung darstellen. Bei der Fütterung pflanzenfressender Landschildkröten mit Mischfuttermitteln wäre Produkten auf der Basis getrockneter Pflanzen, also haltbar gemachtem Grünfutter (z. B. Heu von Luzerne und Klee), der Vorzug vor stärkereichen Mehl- und Mühlennebenprodukten zu geben, denn die Dickdarm-Fermentation bedarf strukturierter Rohfaser. Cobs enthalten längerfaserige Anteile als Pellets und können zerkrümelt oder in Wasser aufgequollen unter frische Produkte gemengt werden (DENNERT 1997; DONOGHUE u. DZANIS 1995).

5.2.2 Spektrum und Zusammensetzung kommerziell erhältlicher Mischfuttermittel für Schildkröten

Mischfuttermittel werden teils pauschal „für alle Reptilien" angeboten, aber auch speziell für Landschildkröten. Die handelsüblichen Produkte für Schildkröten lassen sich nach ihrem Verwendungszweck drei Gruppen zuordnen: Neben Alleinfuttermitteln werden Mischfutter zur Ergänzung des Vitamin- und/oder Mineralstoffbedarfs angeboten. Zudem werden so genannte Beifutter verkauft. Diese dienen weniger Ernährungszwecken, vielmehr stellen sie „Extrahappen" dar. Sie machen nur einen geringen Anteil der Handelsprodukte für Schildkröten aus.

Die handelsüblichen so genannten Alleinfuttermittel für Schildkröten können nach der Herstellungsmethode unterschieden werden in Extrudate und Pellets (von den Herstellern auch als Sticks bezeichnet), Feuchtfutter, schrotförmiges Mischfutter, Tabletten (Tabs) und Mischfutter auf der Basis natürlicher Bestandteile (gefriergetrocknete Wirbellose, daneben Fisch, Fleisch, Innereien und pflanzliche Einzelfuttermittel). **Extrudate** werden durch Einwirkung von Druck und Reibung auf Futtermittel (Körnerfrüchte) hergestellt. Diese Methode dient vor allem der Erhöhung der Verdaulichkeit von Nahrung. Für Reptilien sind Extrudate in vielen Formen (Linsen, Zylinder, Kugeln etc.) und allen Farben des Regenbogens erhältlich. Sie erscheinen wie aufgeschäumter und in Förmchen getrockneter Futterbrei und haben enormes Quellvermögen in Wasser. Dieses Verhalten ist dringend zu berücksichtigen. Extrudate müssen nach Ansicht der Autorin vor dem Verfüttern über einen Zeitraum von etwa 30 Minuten in einer ausreichenden Menge Wasser quellen. **Pellets** entstehen, indem Futtermittel zerkleinert und gepresst werden. Sie sind dann zylinderförmig und haben einen Durchmesser bis zu 12 mm. So verkleinert man das Volumen von Futter und verhindert eine Ent-

mischung. Daneben werden die Zahl der Mikroorganismen und das Risiko von Futterverderb verringert und die Verdaulichkeit erhöht. Auch Pellets nehmen enorme Mengen Wasser auf. Nach eigenen Untersuchungen (DENNERT 1997) wurden 1997 in Deutschland als Allein- oder Beifutter deklarierte Mischfuttermittel für Reptilien von elf verschiedenen Herstellern angeboten. Vertrieben wurden

Extrudate (n=13; neun Hersteller),
Pellets (n=10; drei Hersteller),
Mischfuttermittel in Tablettenform
(n=3; zwei Hersteller),
Feuchtfutter in Dosen
(n=5, ein Hersteller) und
schrotförmige Mischfutter
(n=1),

daneben auch gefriergetrocknete Futtertiere oder Mischungen mehrerer gefriergetrockneter Arten von Wirbellosen und Innereien
(n=17, zehn Hersteller).

Im Handel erworbene Mischfuttermittel, die durch den Hersteller zum Alleinfuttermittel für bestimmte Reptilien erklärt waren (n=45), sowie als Beifutter bezeichnete Mischfuttermittel (n=4) wurden gemäß der Fütterungsempfehlung des Herstellers verschiedenen Tiergruppen zugeteilt. Die Produkte für Landschildkröten waren im Wortlaut der Hersteller zu verfüttern an

> „alle Reptilien, besonders Land- und Wasserschildkröten" (n=1),
> „carnivore Reptilien, besonders Land- und Wasserschildkröten" (n=2),
> an alle „Schildkröten" (n=8) und
> an „Landschildkröten" (n=9).

Die als Alleinfutter für alle Schildkröten oder Landschildkröten verkauften Mischfutter lagen teils im Eiweißgehalt vergleichsweise niedrig, erreichten aber verschiedentlich Gehalte über 30 %, teilweise über 40 % in der Trockensubstanz. Weiterhin enthielten die Produkte je 100 g Trockensubstanz 2,8–14,1 % Rohfett und 0,7–14,7 % Rohfaser. Das Ca/P-Verhältnis der Futtermittel schwankte in besonders weiten

Tab. 12 – Zusammensetzung handelsüblicher Alleinfuttermittel, deklariert für Landschildkröten

Beschaffenheit		TS [% uS]	Rohnährstoffe [% TS]			Mineralstoffe [% TS]		
			Eiweiß	Fett	Rohfaser	Ca	P	Ca/P
Pellets	*	96,5	9,7	2,89	1,58	0,38	0,24	1,6
		98,4	10,4	3,98	1,44	0,3	0,28	1,1
		97,8	14,9	5	2,5	1,1	0,41	2,7
	*	95,9	16,4	3,9	2,69	1,08	0,46	2,3
		93,7	32,6	3,9	6,3	3,93	0,9	4,4
		88,7	38,6	7,88	9,43	2,22	1,05	2,1
Extrudate		92,8	16,9	5,23	14,7	1,29	0,72	1,8
		92,3	34,8	8,79	0,67	1,33	0,91	1,5
Feuchtfutter (Konserve)		22,6	16,1	3,52	4,52	1,3	0,7	1,9
		21,2	18,8	2,75	5,13	1,44	0,76	1,9

* laut Hersteller geeignet für die Ernährung von Jungtieren

Bereichen zwischen 1,1:1 und 7,9:1 bei Kalziumgehalten von 0,86–5,38 % in der Trockensubstanz.

Die stark wechselnde Zusammensetzung handelsüblicher Alleinfuttermittel spiegelt den geringen Kenntnisstand über den Bedarf von Landschildkröten wider. Bezeichnend für die Verhältnisse in der Praxis ist ein Auszug aus der Produktbeschreibung eines als Alleinfutter deklarierten Mischfuttermittels. Der Hersteller empfiehlt das Produkt „... für carnivore Reptilien, besonders Land- und Wasserschildkröten...". Diese Beobachtungen unterstreichen nicht zuletzt die Notwendigkeit von Versuchsreihen zur Bedarfsermittlung. Die Zuverlässigkeit der Deklarationen des Herstellers zur Zusammensetzung von Mischfuttermitteln wurde durch eine Gegenüberstellung der Herstellerangaben mit den Ergebnissen aus eigenen Untersuchungen überprüft. Ein Vergleich von Roheiweiß- und Rohfett-Gehalten ergab schlechte Übereinstimmung der gefundenen mit den angegebenen Werten, teils kam es zu erheblichen Abweichungen außerhalb der Toleranz (siehe Abb. 14). Die Tendenz der Abweichungen er-

schien ungerichtet. Mit der Berücksichtigung, dass jeweils nur Einzelproben untersucht wurden, war die Deklarationstreue nicht immer gegeben. Vielleicht war dieser Sachverhalt in chargenabhängigen Schwankungen begründet (DENNERT 1997). Eine aktualisierte Übersicht handelsüblicher, als Alleinfutter deklarierter Mischfuttermittel für Schildkröten gibt Tabelle VII im Anhang. Von einer Bewertung der Zusammensetzung der jeweiligen Produkte wurde Abstand genommen.

5.2.3 Mischfuttermittel zur Vitamin- und Mineralstoffergänzung

Untersuchungen der Autorin ergaben, dass Mischfuttermittel zur Ergänzung des Vitamin- und Mineralstoffbedarfs von Reptilien von deutlich mehr Herstellern im Handel sind als so genannte Alleinfuttermittel. Neben den für Reptilien vertriebenen Produkten verwenden Reptilienhalter häufig auch Formulierungen aus dem human- oder tiermedizinischen Bereich. Die Frage der Dosierung bzw. Dosierungsempfehlung bereitet Schwierigkeiten, da sich nur lückenhafte Erkenntnisse über den Vitamin-

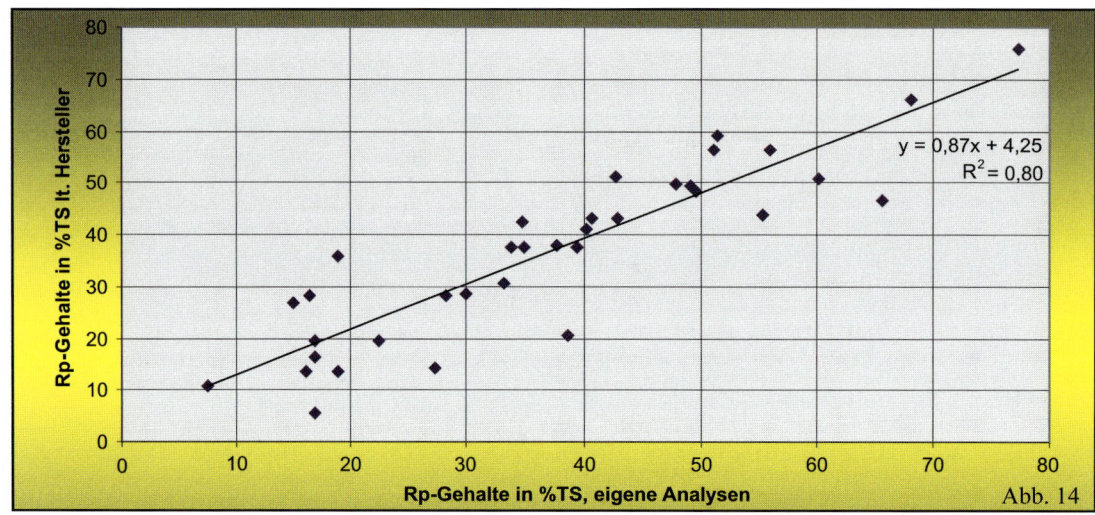

$$y = 0,87x + 4,25$$
$$R^2 = 0,80$$

Rp-Gehalte in %TS lt. Hersteller

Rp-Gehalte in %TS, eigene Analysen

Abb. 14

bedarf von Reptilien in der Fachliteratur finden. Entsprechend sind Erkrankungen infolge Unterversorgung mit Vitaminen und auch Vergiftungen durch Überdosierung fettlöslicher Vitamine in der Praxis anzutreffen. Hinzu kommt, dass bei vier Präparaten auf Etikett, Beipackzettel und/oder Verpackung unterschiedliche Angaben gemacht wurden, in zwei Fällen zum Gehalt an Vitamin D_3, bei jeweils einem Produkt zum Vitamin-B_{12}- und Folsäuregehalt (DENNERT 1997). In nachfolgender Tabelle finden sich zwei Extrembeispiele von Mischfuttermitteln zur Vitaminergänzung. Befolgt der Käufer die Anweisungen des Herstel-lers, so erkranken die Tiere durch massive Überversorgung mit dem speicherfähigen fettlöslichen Vitamin A (Produkte A und B). Weitere Produktbeschreibungen enthält die Tabelle im Anhang.

Umfragen ergaben, dass die Halter von Landschildkröten sich bei der Anwendung von Vitamin- und/oder Mineralergänzungspräparaten häufig nach den Dosierungsempfehlungen der Hersteller richten, oder die Dosierung erfolgt nach eigenem Ermessen. Landschildkrötenzüchter setzen diese teilweise nach Körpermasse ein, häufig jedoch nach subjektiven Einschätzungen (Messerspitzen und Prisen).

Tab. 13 – Extrembeispiele von Mischfuttermitteln zur Vitaminergänzung der Ration von Reptilien

Produkt	Vitamingehalt [I. E./100g uS]		Dosierungsempfehlung des Herstellers	Berechnete **wöchentliche** Zufuhr der Vitamine A und D_3	Angenommener **wöchentlicher** Bedarf je 1 kg KM
	A	D_3			
A	500.000	2.000	1–2 Tropfen/50 g KM 1 × tägl. in das Futter	35000–70000 I. E. Vitamin A 140–280 I. E. Vitamin D_3 je kg KM	Vitamin A : 1.500 I. E.
B	625.000	62.500	LSK: nach Größe 5–8 Tropfen 1 × tägl. in das Futter	11000–17500 I. E. Vitamin A 1100–1750 I. E. Vitamin D_3 je Tier	Vitamin D_3 : 150 I. E.

6 Praktische Fütterung

In der Natur gedeihen Landschildkröten durch Aufnahme einer selbst gewählten ausgewogenen Diät, meist auf pflanzlicher Basis. Eine grundlegende Herausforderung in der Haltung von Reptilien ist die Versorgung der Tiere mit einer solchen ausgewogenen Diät, welche die Verfügbarkeit von Futtermitteln und die verhaltensgesteuerte Annahme von Nahrung mit einschließt. Einseitige oder zubereitete Rationen sind generell weniger befriedigend als eine abwechslungsreiche Ernährung mit naturbelassenen Einzelfuttermitteln. Der Tierhalter ist bemüht, die spontane und naturnahe Aufnahme von Nahrung zu fördern, da Zwangsfütterung und unnatürliche Fütterung in aller Regel Stress für das Tier bedeuten. Landschildkröten benötigen ein bedarfsgerechtes Nährstoffangebot und die verhaltensgerechte Darreichung der Ration. Dazu ist die Kenntnis der sensorischen Reize und Verhaltensweisen erforderlich, die der Auswahl und der Aufnahme von Nahrung in der Natur dienen. Daneben muss dem natürlichen Lebensraum und der sozialen Umgebung des Tieres Beachtung geschenkt werden (LILLYWHITE u. GATTEN Jr. 1995).

6.1 Fütterungsfrequenz

Die Fütterungsfrequenz muss, wie auch die Futterqualität, eine angemessene Wachstumsrate von Jungtieren ermöglichen und die Erhaltung des normalen Gewichts erwachsener Tie-

Die Landschildkröten sollten beim Durchstreifen des Geheges eine große Auswahl an Futterpflanzen antreffen.
Foto: T. u. S. Vinke

Die meiste Nahrung wird in den frühen Morgenstunden aufgenommen. Foto: T. u. S. Vinke

re sicherstellen. Schlüpflinge beginnen mit der Nahrungsaufnahme i. d. R. nach der Resorption des Dottersacks. Wasser dagegen wird sofort nach dem Schlupf angenommen. In einer kleinen Schale sollte einmal, besser zweimal täglich frisches Futter angeboten werden, der Größe der Tiere entsprechend zerkleinert (INNIS 1994; LILLYWHITE u. GATTEN JR. 1995).

Pflanzenfressende Arten bedürfen während der Hauptaktivitätsphase der ständigen Verfügbarkeit von Nahrung. Dies bedeutet nicht einen täglich frisch angerichteten und reich bestückten Futternapf, sondern vielmehr ein regelmäßiges Angebot an Rohfaser, etwa Heu oder Stroh, zur freien Verfügung. Landschildkröten sollten entweder in einem Freigehege auf Nahrungssuche gehen oder im Terrarium auf Heu zurückgreifen können. Auch allesfressenden Arten sollte nach Ansicht der Autorin täglich Nahrung angeboten werden, allerdings auf pflanzlicher Basis. Die zusätzliche Verfütterung von tierischen Einzelfuttermitteln erfolgt in größeren Abständen von mehreren Tagen. In der Natur nehmen viele Arten über Wochen oder Monate während Dürre- und/oder Kälteperi-

oden, Futtermangel oder geschlechtlicher Aktivität kein Futter auf. Bei ungünstigen klimatischen Bedingungen legen die Tiere dann Ruhephasen mit verminderter Stoffwechselrate ein. Dieser Zustand kann bei Schildkröten-Wildfängen andauern, selbst wenn Umgebungstemperatur, Fütterung und Wasserangebot optimiert werden. Verlängerte oder mehrmalige Hungerperioden unter suboptimalen Bedingungen schwächen die Tiere, und eine Nahrungsverweigerung darf bei Reptilien nicht fälschlich als physiologische Hungerperiode gedeutet werden (nach DONOGHUE u. LANGENBERG 1994).

6.2 Futtermenge

Organfunktionen und Verhaltensweisen von Reptilien werden durch viele Faktoren beeinflusst. Der Nahrungsbedarf wechselt artabhängig und ändert sich mit den Haltungsbedingungen, der Umgebungstemperatur und der Aktivität des Tieres. Im Bereich der bevorzugten Körpertemperatur zeigen Reptilien eine höhere Futteraufnahme. Der Jahreszyklus mit ab- und zunehmender Tageslänge beeinflusst Appetit, Stoffwechsel und Fortpflanzung. Juvenile Landschildkröten sind täglich, i. d. R. ad libitum, zu füttern. Dies bedeutet, dass mehr Futter anzubieten ist, als gefressen werden könnte. Dasselbe gilt bei geschlechtsaktiven Weibchen, da deren Energiebedarf im Rahmen der Fortpflanzung wesentlich erhöht ist. Die regelmäßige Kontrolle von Nahrungsaufnahme und Gewicht der Reptilien erlaubt Rückschlüsse auf den Gesundheitszustand. Reptilien müssen vergleichsweise wenig (Frequenz und/oder Gehalt) gefüttert werden, um die Tiere bei guter Gesundheit zu halten (LILLYWHITE u. GATTEN Jr. 1995).

Im natürlichen Lebensraum nimmt die Köhlerschildkröte (*Geochelone carbonaria*) etwa 2,1 g Trockensubstanz je Kilogramm Körpermasse auf, die Waldschildkröte (*G. denticulata*) 2,3 g TS/kg KM (BJORNDAL 1989) und die Aldabra-

Waldschildkröte (*Geochelone denticulata*) in einem Regenwaldstück bei Manaus/Brasilien   Foto: H. Werning

Riesenschildkröte (*Dipsochelys dussumieri*) 3,5 g TS/kg KM (HAMILTON u. COE 1982). Die durchschnittliche tägliche TS-Aufnahme bewegte sich bei einer pflanzenfressenden Süßwasserschildkröte um 2,4 g/kg KM (BJORNDAL u. BOLTEN 1990), bei der Suppenschildkröte (*Chelonia mydas*) um 3,0–3,7 g TS/kg KM bei Fütterung pflanzlicher Einzelfuttermittel (Schildkrötengras, *Thalassia testudinum;* BJORNDAL 1985). Bietet man pelletiertes Mischfutter an, verdoppelt bis verdreifacht sich die tägliche TS-Aufnahme (*Chelonia mydas*; WOOD u. WOOD 1982).

Ein wasserreicher Blattsalat enthält etwa 5–6 % Trockensubstanz, Löwenzahnblätter rund 15 %. Entsprechend würde eine 1 kg schwere Köhlerschildkröte täglich etwa 30 g Blattsalat oder gut 10 g Klee fressen. Eine Hand voll frischen Klees oder Brennnesselblättern wiegt um 50 g und müsste demnach für vier Tiere zu einem kg KM ausreichen. In Abhängigkeit von Haltung, Umgebungstemperatur und Aktivität sind allerdings starke Schwankungen im Futteraufnahmeverhalten zu erwarten. Erfahrungsgemäß nehmen Landschildkröten in menschlicher Obhut zur Hauptaktivitätszeit deutlich größere Futtermengen auf. Teilweise resultiert daraus eine Überversorgung mit Energie und Fettleibigkeit.

6.3 Zusammenstellung einer Ration

Leider fehlen Langzeitstudien zum tatsächlichen Bedarf von Landschildkröten bzw. der einzelnen Arten. Deshalb sollte eine Diät nach allgemeinen Kriterien der Tierernährung zusammengestellt werden, unter Berücksichtigung

Bei zu guter Nahrung wird die Steppenschildkröte (*Testudo horsfieldii*) schnell zu fett.

Foto: T. u. S. Vinke

von Freilandbeobachtungen der einzelnen Arten sowie dem Bewuchs des natürlichen Lebensraums. Die Bedeutung der Nährstoffe Eiweiß, Fett, Rohfaser und Kohlenhydrate sowie der Mineralstoffe Kalzium und Phosphor wurde bereits eingehend besprochen. Eine Beurteilung der Zusammensetzung pflanzlicher und tierischer Einzelfuttermittel erfolgte bereits in vorangegangenen Abschnitten. Die genaue Zusammensetzung verschiedener Wildkräuter und Futterpflanzen sowie Gemüse- und Obstsorten ist den Tabellen II und III im Anhang zu entnehmen.

Grundsätzlich unterscheidet man in der Tierernährung Alleinfutter und Ergänzungsfuttermittel zur Deckung des Vitamin- und/oder des Mineralstoffbedarfs. Daneben steht so genanntes Beifutter („Leckerbissen"). Aufgrund fehlender Vorgaben darf kein handelsübliches Futter als Alleinfutter für pflanzenfressende Landschildkröten eingesetzt werden, auch wenn die Deklaration des Herstellers dazu verleiten mag. Also ist der Halter gefordert, seinen Tieren

selbst eine artgerechte Ration zu bereiten – unter Zuhilfenahme der verfügbaren Informationen aus der Tierernährung und Naturbeobachtungen. An erster Stelle steht die Auswahl eines geeigneten Grundfutters. Sie richtet sich nach den Ernährungsgewohnheiten einer Landschildkröte im natürlichen Lebensraum. Die Zusammensetzung und die Beschaffenheit bestimmen die Eignung. Die Akzeptanz wechselt mit der Beschaffenheit, der Farbe und dem Geruch des Futters und wird durch sekundäre Pflanzeninhaltsstoffe beeinflusst.

Ansatzpunkte bei der Auswahl von Einzelfuttermitteln sind erfahrungsgemäß die Gehalte der verfügbaren Sorten an Eiweiß und Rohfaser. Besonderes Augenmerk ist auf die Versorgung mit Kalzium und Phosphor zu legen, in der richtigen Menge und im optimalen Verhältnis. Die unterschiedlichen Möglichkeiten der Ergänzung von Rohfaser, Kalzium und Phosphor wurden in den jeweiligen Abschnitten behandelt. Für alle Arten von Landschildkröten erscheint eine Diät auf der Basis blattreicher Grünpflanzen geeignet. Wild wachsendes Grünfutter ist im Vergleich zu Gemüse und Obst reich an Eiweiß und Rohfaser. Bei Freilandhaltung und ausreichender Verfügbarkeit

Hibiskusblüten (hier von einem Zimmerhibiskus) werden von Landschildkröten gerne als „Leckerbissen" genommen. Foto: C. Dennert

Breitrandschildkröten (*Testudo marginata*) verspeisen große Mengen Gras.   Foto: T. u. S. Vinke

Die „Fette Henne" wird bevorzugt von Landschildkröten gefressen und gedeiht prächtig im Freiland.
Foto: C. Dennert

Porträt von *Testudo marginata*   Foto: M. Schmidt

Indische Sternschildkröten (*Geochelone elegans*) bei der Aufnahme einer Ration Blattsalat.   Foto: H. Werning

einheimischer Kräuter ergeben sich beim gesunden Organismus keine Mangelsituationen aus einer Rohfaser- oder Eiweißunterversorgung. Die Auswertung von Tabellen zur Zusammensetzung pflanzlicher Futtermittel ergibt, dass insbesondere in der Übergangsphase, d. h. für europäische Landschildkrötenarten im Frühjahr und im Herbst, bei tropischen Arten auch im Winter, die Salatration um Rohfaser, Kalzium und Phosphor zu ergänzen ist. Die Eiweiß- und Fettgehalte in Blattgemüse sind bedarfsdeckend. Dem Thema der Rohfaserkorrektur widmete sich bereits ein Abschnitt im Kapitel über haltbar gemachtes Grünfutter. Für die Kalziumergänzung steht eine Vielzahl preisgünstiger Methoden zur Auswahl. Hier ist die Akzeptanz gemeinhin gut. Insbesondere Jungtieren und geschlechtsreifen Weibchen sollte eine zusätzliche Kalziumquelle zur freien Verfügung stehen. Als kalziumreiche Ergänzungsfuttermittel eignen sich beispielsweise Sepia (41 % Kalzium) oder Eierschalen (36 % Kalzium). Eierschalen, Sepia oder Muschelgrit können im Gehege ausgelegt werden. Bei unzureichender Kalziumversorgung bzw. erhöhtem Bedarf wird das Ergänzungsfutter gezielt aufgenommen. Bei direkter Verabreichung von Kalzium über das Futter muss vorher der Gehalt in den Komponenten der Ration berücksichtigt werden, um das optimale Ca/P-Verhältnis zu erreichen. Erkrankungen durch Fütterungsfehler ergeben sich häufig durch einseitige Ernährung, schlimmstenfalls mit einem ungeeigneten Futtermittel, oder aus unsachgemäßem Umgang mit Vitaminen und/oder Mineralstoffen.

DONOGHUE (1995a) empfiehlt für die Zusammenstellung von Diäten für verschiedene Reptilienarten folgende Richtwerte für den Gehalt an Rohnährstoffen:

Tab. 14 – Empfohlene Rohnährstoffgehalte in der Diät von Reptilien unterschiedlicher Ernährungsweise

Rohnährstoffe	Fleischfresser[1]	Allesfresser[2]	Pflanzenfresser[3]
	Anteil Nährstoff in % der Futterenergie		
Eiweiß	25–60	15–40	15–35
Fett	30–60	5–40	< 10
Kohlenhydrate	< 10	20–75	55–75

[1] z. B. viele Wasserschildkröten, die meisten Warane, Tejus, Eidechsen
[2] z. B. Dosenschildkröten, Bartagamen, Taggeckos
[3] z. B. die meisten Landschildkröten und einige Echsenarten

Frischer junger Weißklee ist ein Leckerbissen für Landschildkröten.   Foto: T. u. S. Vinke

Ein Anfeuchten des Bodengrundes animiert die Spaltenschildkröte (*Malacochersus tornieri*) zum Fressen.   Foto: T. u. S. Vinke

6.4 Rationsgestaltung für verschiedene Landschildkrötenarten

Eine Kurzübersicht der Nahrungspräferenzen verschiedener Landschildkröten im natürlichen Lebensraum und in menschlicher Obhut gibt Tabelle VI im Anhang. Die folgenden Kapitel beschäftigen sich insbesondere mit den Ernährungsgewohnheiten der Gattung *Testudo* und weiterer Spezies steppenartiger Zonen sowie tropischen Landschildkröten und Allesfressern der Gattung *Kinixys*.

6.4.1 Die Gattung *Testudo*

Europäische Landschildkröten ernähren sich im natürlichen Lebensraum von wild wachsendem Grünfutter. Es empfehlen sich fett- und eiweißarme, rohfaserreiche Futtermittel. Die Beschaffenheit des Futters bzw. die Zusammensetzung der Ration sollte an die Verhältnisse im natürlichen Lebensraum angepasst werden. Im Frühjahr sind vermehrt junge und eiweißreiche Triebe verfügbar, der Rohfaseranteil steigt deutlich im Sommer, und im Herbst ergänzen Samen

Vor dem Frühstück bringt sich die Breitrandschildkröte im Gewächshaus erst einmal auf die nötige „Betriebstemperatur". Foto: T. u. S. Vinke

Eine Griechische Landschildkröte (*Testudo hermanni hermanni*) auf Futtersuche in den frühen Morgenstunden. Foto: T. u. S. Vinke

und Strauchfrüchte den Speiseplan. Erfahrungsgemäß scheinen die einheimischen Wildkräuter – ebenso verschiedene Kulturpflanzen für landwirtschaftliche Nutztiere – durchaus den Bedürfnissen Europäischer Landschildkröten gerecht zu werden. Dies wurde bereits im Abschnitt über wild wachsendes Grünfutter eingehend besprochen. Im günstigsten Fall steht dem Schildkrötenhalter ein eigener Garten und den Schildkröten dadurch ein Freigehege mit Wildwuchs zur Verfügung. Sofern die klimatischen Bedingungen es zulassen, werden die europäischen Landschildkröten nach dem Winterschlaf in ein Freigehege verbracht. Voraussetzung sind kältesichere Schutzhütten, evtl. ein Treibhaus als Rückzugsmöglichkeit mit eigener Wärmequelle und Strahler als Sonnenersatz. Diese Tiere gedeihen unter Freilandbedingungen prächtig, sofern die klimatischen Verhältnisse stimmen oder vom Halter korrigiert werden. In der Übergangsphase muss häufig noch zugefüttert werden, da der Gehegebewuchs wetterbedingt oder bei entsprechender Gruppengröße nicht ausreicht, um den Bedarf der Landschildkröten zu decken.

Auch bei Terrarienhaltung ist blattreiches wild wachsendes Grünfutter als Grundfutter optimal.

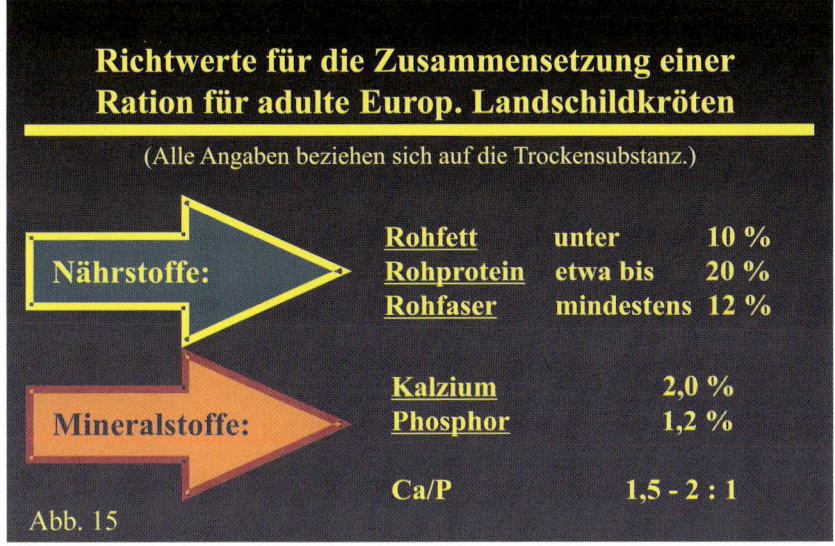

Richtwerte für die Zusammensetzung einer
Ration für adulte Europ. Landschildkröten

(Alle Angaben beziehen sich auf die Trockensubstanz.)

Nährstoffe:	Rohfett	unter	10 %
	Rohprotein	etwa bis	20 %
	Rohfaser	mindestens	12 %
Mineralstoffe:	Kalzium		2,0 %
	Phosphor		1,2 %
	Ca/P		1,5 - 2 : 1

Abb. 15

te eine Mischung verschiedener pflanzlicher Einzelfuttermittel darstellen. Aufgrund ihrer Beschaffenheit eignen sich Blattgemüse bzw. Salat als Ersatz. Es sind jedoch Rohfaser, Kalzium und Phosphor zu ergänzen. Die Nahrung muss mindestens 12 % Rohfaser in der Trockensubstanz enthalten. Der Kalziumgehalt sollte sich um 2 % in

Unabhängig von den Haltungsbedingungen muss für Freiland- wie auch Terrarientiere je nach Jahreszeiten auf Blattgemüse als Basis der Diät ausgewichen werden. Die Ration soll-

der Trockensubstanz bewegen – bei einem Ca/P-Verhältnis von 1,5:1. Einer gelegentlichen Verfütterung von Gemüse und Obst ist nichts entgegenzusetzen. Bei der Auswahl geeigneter Sorten sind die Tabellen II und III im Anhang behilflich. Sicher werden in der Natur gelegentlich auch Aas und Wirbellose aufgenommen, jedoch nicht in einem Maße, welches die Verfütterung von Hunde- oder Katzennahrung oder Ähnlichem rechtfertigen könnte. Auch Nudeln und Reis oder Brot sind für die Ernährung von Landschildkröten nicht geeignet.

Wild wachsendes Grünfutter ist für die Ernährung europäische Landschildkröten (hier *Testudo hermanni boettgeri*) optimal.　　　　Foto: T. u. S. Vinke

Habitat von *Testudo marginata* auf Sardinien
Links: Die Meerzwiebel - eine Futterpflanze
Rechts: Breitrandschildkröte (*Testudo marginata*)
Fotos T. u. S. Vinke

Auch die Maurische Landschildkröte (*Testudo graeca*) ernährt sich im Habitat (hier Nordosttunesien) vornehmlich von Grünfutter.

Foto: A. Pieh

Verschiedene Blattgemüse und Salate

Foto: C. Dennert

Die Haltung der nordafrikanischen „Unterarten" der Landschildkröte *Testudo graeca* unterscheidet sich deutlich von den europäischen Landschildkröten. Der *Testudo-graeca*-Komplex ist z. Zt. Ziel intensiver systematischer Forschung, sodass es vielleicht bald einfacher ist, die Haltungsunterschiede auch verschiedenen Arten oder Unterarten zuzuordnen (PIEH 2000). HUFER u. BÜDDEFELD (2000) praktizieren die Haltung nordafrikanischer *Testudo graeca* jahreszeitlich verschoben: Die Schildkröten verbringen die Übergangszeit und den Winter bei hoher Luftfeuchtigkeit (Meerwasserverdunstung) und hohen Temperaturen im Terrarium (diese Bedingungen entsprechen den sommerlichen Klimadaten im natürlichen Lebensraum). Die Ration basiert zu dieser Zeit auf faserreichem Grünfutter. Es werden Wildkräuter und Blattgemüse bzw. Salate angeboten (Lattuga, Radicchio, Chicorée, Rucola, Mangold, Keimlinge), daneben gelegentlich diverse Gemüsefrüchte und Radieschen, sehr selten Obst. Der Rohfasergehalt wird durch Beimengung von aufgequollenen Heucobs und Grünmehl erhöht. Die Schildkröten erhalten ihre Ration alle ein bis zwei Tage, wobei das getrocknete Grünfutter der Vortage im Terrarium belassen und gerne angenommen wird. Das Winterklima im natürlichen Lebensraum entspricht etwa unserem Sommer. Von Mai bis August wird die Gruppe deshalb in ein Freigehege verbracht. Die Schildkröten erhalten nun täglich frisches Grünfutter: Wildkräuter und Sukkulenten. Wasser steht jederzeit zur freien Verfügung.

Die kleinwüchsige und scheue Ägyptische Landschildkröte (*Testudo kleinmanni*) ernährt sich im natürlichen Lebensraum rein vegetarisch, bevorzugt von zarten jungen Pflanzen.

Zum Bewuchs gehören Arten wie *Limonium*, *Salvia* und *Zygophyllum*. Die Ägyptische Landschildkröte nimmt vorwiegend *Limonium vulgare* und *Salsola kali* auf (GAD 2000, 2001). Während Freilandbeobachtungen in Israel wurden folgende Pflanzenarten als Bestandteil der Nahrung von *Testudo kleinmanni* notiert: *Astralagus* spp., *Cardus arabicus*, *Eremobium aegyptiacum*, *Hippocrepis bicontora*, *Launaea tenuiloba*, *Lobularia arabica*, *Neurada procumbens*, *Plantago albicans*, *Scabiosa eremophila*, *Erodium ciconium* und Blüten von *Senecio esfontanei* (CONNOR 1993). Ihre Hauptaktivität entfaltet diese Landschildkröte im ägyptischen Winter von November bis Mai. Herbstliche Regenfälle sorgen dann für Begrünung der Umgebung. Während des aktiven Zeitraumes wird in Terrarienhaltung an fünf bis sechs

Die Pflege von *Testudo kleinmanni* stellt besonders hohe Anforderungen an Landschildkrötenhalter – hier eine Aufnahme im Habitat Westlybien. Foto: A. Pieh

Luzerne (*Medicago sativa*) Foto: C. Dennert

Wochentagen eine Mischung verschiedener nährstoffreicher pflanzlicher Einzelfuttermittel angeboten (GAD 2000). Als Grundfutter verwendet GAD (2001) Endivien, Feldsalat oder Chicorée. Unter das Grünfutter mengt er 20 % geriebene Karotten, Sellerie oder Pastinaken, um den Fasergehalt der Diät aufzuwerten. Weitere 20 % Keimlinge von Luzerne, Bockshornklee oder Soja erhöhen die Eiweißfraktion. Während der Sommerruhe, von Mai/Juni bis September, wird nur noch einmal wöchentlich Nahrung angeboten. Die Grünfutterration gestaltet sich dann karger aus trockenem faserreichen Grün von Wildkräutern und Beerensträuchern sowie Feigen- und Weinblättern. In der Natur zieht sich die Ägyptische Landschildkröte dann gerne in unterirdische Gänge zurück und verbringt die heiß-trockene Jahreszeit in einer „Sommerstarre". Jungtiere werden ebenso wie Alttiere zur Hauptaktivität an fünf bis sechs Tagen in der Woche gefüttert. Sie erhalten jedoch im ersten Jahr durchgehend eine nährstoffreiche Diät aus jungen Blättern von wild wachsenden Kräutern und Portulak. Im zweiten Sommer wird auch ihnen eine Ruhephase mit verringerter Fütterung (ein- bis zweimal wöchentlich) eingeräumt. Tierische Kost lehnt die Ägyptische Landschildkröte völlig ab. Im natürlichen Lebensraum wurde sie nie bei der Aufnahme von Aas oder Wirbellosen beob-

achtet, auch im Terrarium nimmt sie kein tierisches Eiweiß an (DEVAUX 1997; GAD 2000).

6.4.2 Weitere Landschildkröten steppenartiger Zonen

Diese Landschildkröten leben ähnlich den *Testudo*-Arten in Gebieten, die jahreszeitlichen Temperatur- und Wetterschwankungen unterliegen. Auch diese Arten fressen vorwiegend Grünfutter, und ihr Speiseplan kann an die Empfehlungen für die Gattung *Testudo* angelehnt werden. So unterscheidet sich etwa der Verdauungstrakt der Pantherschildkröte (*Geochelone pardalis*) im Grobaufbau nicht wesentlich vom Darmkanal der Europäischen Landschildkröten. Je größer die Bedeutung der Faserfraktion in der Ernährung einer Schildkrötenart ist, desto deutlicher ist jedoch der Dickdarm ausgeprägt. Die Futtermenge und die Beschaffenheit des Grünfutters sind wie auch die Haltungsbedingungen für alle Arten generell an die Klimabedingungen und den Wechsel der Jahreszeiten im natürlichen Lebensraum anzupassen. Das bedeutet saft- und nährstoffreiche Nahrung in den warmen Monaten des Habitats, beispielsweise von etwa März bis November für Gopherschildkröten (*Gopherus* spp.), und eine karge faserreiche Diät während der Wintermonate. Eine empfehlenswerte Sammlung von Klimadaten enthält das „Handbuch ausgewählter Klimastationen der Erde" von M. J. MÜLLER (1996). Nach Erfahrungen der Autorin, Literaturstudium und Austausch mit Haltern und Züchtern gedeihen die nachfolgend gelisteten Landschildkrötenarten auf der Basis von Grünfutter prächtig:

- *Geochelone elegans*
- *Geochelone pardalis*
- *Geochelone sulcata*
- *Gopherus* spp.
- *Pyxis* spp.

Über die Ernährungsgewohnheiten der **Madagassischen Strahlenschildkröte** (*Geochelone radiata*) wird berichtet, dass sie bevorzugt weiches Grünfutter in Form von Gräsern und frischen Trieben fresse sowie Opuntienblätter und -blüten. Gelegentlich wurde sie bei der Aufnahme von Kot oder Dung mit den darin enthaltenen Wirbellosen beobachtet. Die Tiere scheuen die Mittagshitze nicht und können selbst während der heißesten Tageszeit bei der Nahrungsaufnahme beobachtet werden (MÄHN 1998). In menschlicher Obhut besteht die Nahrung je nach Jahreszeit zu 80–90 % aus wild wachsendem Grünfutter oder Blattgemüse, und zweimal wöchentlich erhalten Strahlenschildkröten als Beifutter eine Mischung aus Gemüse und Obst (BEHLER u. IADEROSA 1990). Der Speiseplan der **Spinnenschildkröte** (*Pyxis arachnoides*) gleicht dem der Strahlenschildkröte. Sie wird vor allem in den Morgenstunden und spät am Nachmittag, aber auch nach

Niederschlägen aktiv. Ihre Hauptaktivität fällt auf die regenreicheren Monate November bis März (MÄHN 1998). In Terrarienhaltung wird für die Spinnenschildkröte das Klima der Südhalbkugel nachgeahmt. Die Regenzeit wird eingeleitet durch wöchentlich einmaliges Besprühen der Terrarien im November. Von Dezember bis Februar wird dreimal wöchentlich gesprüht, und im März klingt die „Regenzeit" mit einmal wöchentlichen „Schauern" wieder aus. Die anderen Monate sind trocken. Im Winter wird eine zweimonatige Ruhephase ohne Futterangebot eingelegt. Außerhalb der Futterpause erhalten die Tiere eine Ration auf der Basis von Grünfutter – im Sommer Wiesenkräuter und im Winter Salate. Karotten und wenig Obst ergänzen die Ration (ZWARTEPOORTE 2000). Nach eigenen Erfahrungen frisst

Die Spinnenschildkröte (hier *Pyxis arachnoides brygooi*) nimmt neben Sukkulenten auch gerne trockenes Grünfutter auf.   Foto: T. u. S. Vinke

Pantherschildkröte
(*Geochelone pardalis*)
Foto: M. Schmidt

Pyxis arachnoides gerne die getrockneten Grünfutterrationen vom Vortag.

Die Nahrung der **Sternschildkröte** (*Geochelone elegans*) besteht in menschlicher Obhut bei PALMER (2000) vorwiegend aus Grünfutter und Sukkulenten. Größere Jungtiere und Erwachsene erhalten alle drei bis vier Tage eine große Ration aus blattreichem Grün und stachelfreien Anteilen von *Opuntia*. Als Beifutter finden unterschiedliche Gemüsesorten und selten Obst Verwendung. Im Freigehege verbringen die Adulten viel Zeit beim Grasen, und sie erhalten nur Karotten als Beigabe. Die Außenanlagen für Schlüpflinge sind reich mit Weißklee bepflanzt. Jeden zweiten Tag wird ihnen eine zusätzliche Ration aus Grünfutter angeboten. Im natürlichen Lebensraum sind Sternschild-kröten bei hohen Tagestemperaturen vor allem zur Dämmerung aktiv. Während heißer Trockenperioden und bei Kälte legen sie Ruhephasen ein (FRAZIER 1997).

Die Hauptaktivität der **Gopherschildkröte** (*Gopherus agassizii*) fällt in den Frühling. Das Klima und die Nahrungsverfügbarkeit sind optimal im Frühjahr von März bis Mai. Die Tiere verbringen die Tage mit Nahrungsaufnahme und „Partnersuche". Mit Beginn des Sommers (Juni/Juli) und zunehmenden Tagestemperaturen verweilen sie immer länger in unterirdischem Schutz. In der Sonora-Wüste werden die ruhenden Schildkröten vom Sommerregen geweckt und legen Reserven für den bevorstehenden Winter an. Die Schildkröten der Mojave-Wüste profitieren nicht von Regenschauern im

Jungtier einer Sternschildkröte (*Geochelone elegans*)　　　　Foto: B. Love/Blue Chameleon Ventures

Texas-Gopherschildkröte (*Gopherus berlandieri*)　　　Foto: B. Love/Blue Chameleon Ventures

Sommer, sie sind vorwiegend auf den Pflanzenwuchs im Frühling angewiesen. Im Spätherbst ziehen sich die Gopherschildkröten mit sinkenden Temperaturen in ihre unterirdischen Winterquartiere zurück. Bei der Ernährung dieser Arten in menschlicher Obhut muss wieder der Einfluss der Jahreszeiten auf Futterangebot und -beschaffenheit berücksichtigt werden. In der Natur werden vorwiegend Gräser, Sträucher bzw. Büsche und Kakteenteile gefressen. Gesunde Tiere haben einen enormen Appetit. In Freilandhaltung sollte zur Ergänzung eines kargen Gehegebewuchses täglich eine Ration aus 80–90 % Grünfutter und 10–20 % Gemüse und Früchte sowie Heu angeboten werden. Schlüpflinge erhalten mehrmals täglich eine Mischration aus zerkleinertem Grünfutter, Blüten und Gemüse oder Kaktusfeigen (CTTC 2001; LOWE

1996). Die Zusammensetzung der Pflanzen, die *Gopherus agassizii* in Arizona und Utah vorwiegend aufnahmen, wird wie folgt beschrieben: Der Eiweißgehalt schwankte um 10 %, und der Fettgehalt lag bei höchstens 2,8 %. Auffällig war ein sehr hoher Fasergehalt bei durchschnittlich 30 %. Der Kalziumanteil in den Futterpflanzen lag im Mittel bei 1,15 %, Phosphor bei 0,18 %. Dies entspricht einem sehr hohen Ca/P-Verhältnis von 6,4:1 (CAPORASCO 1989). Die **Areolen-Flachschildkröte** (*Homopus areolatus*) nimmt ihre Nahrung bevorzugt morgens und spät am Nachmittag auf. Während warmer Sommertage wird ihr in Freilandhaltung eine selbstständige Nahrungssuche ermöglicht, und im Winter erhalten die Tiere ihre Ration im Terrarium einmal täglich. Die Eingewöhnung einer neuen Gruppe kann proble-

Biotop in der Chihuahua-Wüste im zentralen Norden Mexikos, Lebensraum der Mexikanischen Gopherschildkröte (*Gopherus flavomarginatus,* links)

Fotos: H. Werning

matisch verlaufen. Einzelne Tiere verweigern die Futteraufnahme über Tage. Die Anfütterung gelingt manchmal mit gedünsteten Karotten, Sauerampfer und Blättern von Blumenkohl. Futterfeste Gruppen nehmen gerne viele Arten von Wildkräutern an, daneben Gemüse und kleine Dickblattgewächse, Hibiskusblüten und verschiedene Insektenarten. Jungtiere fraßen zwei bis drei Tage nach dem Schlupf zarten Klee und Blüten (BROSCHELL 2000).

Über Haltung und Nachzucht der **Gesägten Flachschildkröte** (*Homopus s. signatus*) berichtet LOEHR (2001a,b,c). Die Gewöhnung seiner *Homopus*-Gruppe an eine Nahrungsaufnahme im Terrarium gelang mit Blüten von Klee, Löwenzahn und Gänseblümchen. Auch in der Natur werden Blüten gefressen. Seine Pfleglinge erhalten eine rein pflanzliche Ration – Adulte an drei Wochentagen, Jungtiere täglich. Die Fütterung erfolgt am Nachmittag, und Wasser steht zur freien Verfügung. Bei häufigerer Fütterung verfetten die geschlechtsreifen

Tiere nach seinen Angaben. Die Diät setzt sich zusammen aus blattreichem Grünfutter (Salate und Wildkräuter), dazu Äpfel, Tomaten, Möhren und Gurken. Für Jungtiere hat die Aufnahme von Obst oder Gemüsefrüchten vermutlich eine wesentliche Bedeutung für den Flüssigkeitshaushalt. Es wird angenommen, dass *Homopus* spp. aus diesem Grund im natürlichen Lebensraum Sukkulenten aufnehmen. Während des Frühlings im Habitat erhalten die Gesägten Flachschildkröten unter Terrarienbedingungen über einen Zeitraum von vier Wochen vorwiegend Blüten. Möglicherweise ist dies ein Impuls für geschlechtliche Aktivität im Frühjahr (LOEHR 2001a,b,c).

Als Nahrungsgrundlage für **Riesenschildkröten** sollte Graswuchs im Gehege dienen. Eine zusätzlich angebotene Mischration könnte sich aus 75 % Grünfutter und 20 % Obst sowie weiteren 5 % Kalkgrit, Hornspänen, wenig Garnelenschrot und einem Mischfutter zur Vitamin- und Mineralstoffergänzung zusammensetzen. Im Sommer erhalten die Galápagos-Riesenschildkröten (*Geochelone nigra*) im Zoo Zürich dreimal wöchentlich Grasschnitt und Frischlaub, im Winter täglich getrocknetes Laub. Heuhäcksel steht sommers wie winters

zur Verfügung. Die tägliche Futtermenge für Jungtiere entspricht etwa 10 % ihrer Körpermasse. Ihre Ration aus 70 % zerkleinerten Kräutern, 25 % Heuhäcksel, 3 % Magerquark und 2 % kalziumreichen Ergänzungsfuttermitteln erhalten sie an sechs Tagen in der Woche (HONEGGER 1998).

6.4.3 Tropische Landschildkröten

Wald- und Köhlerschildkröten (*Geochelone denticulata* und *G. carbonaria*) sind flexibel in der Auswahl ihres Futters. Der Aufbau des Verdauungstrakts dieser beiden südamerikanischen Landschildkröten zeigt keine eindeutige Spezialisierung auf eine enzymatische Verdauung im Dünndarm (tierische Kost) oder fermentativen Abbau pflanzlicher Faserstoffe im Dickdarm (BJORNDAL 1989; GUARD 1980). Nach Beobachtungen von VINKE u. VINKE (2000, 2001) finden sich im Habitat der Köhlerschildkröte in Französisch-Guayana und Paraguay keine Hinweise auf die Verfügbarkeit von Obst. Aus diesem Grund verzichten VINKE u. VINKE (2000) bei der Fütterung ihrer Zuchtgruppe nunmehr beinahe vollständig auf Früchte als Bestandteil der Ration. Ihre Köhlerschildkröten erhalten eine rohfaserreiche Diät auf der Basis

Lebensraum der Galápagos-Riesenschildkröte (*Geochelone nigra,* rechts) im Tiefland der Insel Santa Cruz. In diesem trocken-heißen Habitat ernähren die Tiere sich u. a. von Gräsern und Kaktusfrüchten. Fotos: H. Werning

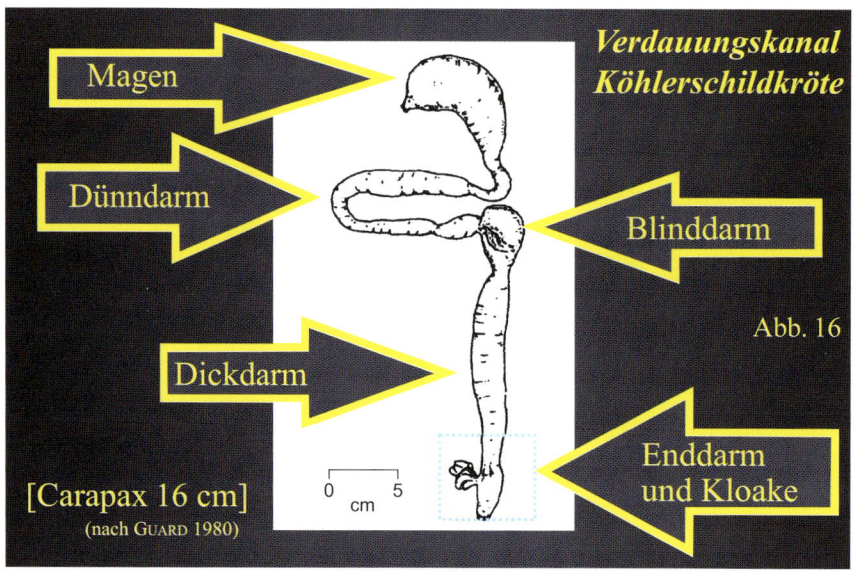

Magen

Dünndarm

Dickdarm

Verdauungskanal Köhlerschildkröte

Blinddarm

Abb. 16

Enddarm und Kloake

[Carapax 16 cm]
(nach GUARD 1980)

0   5
cm

46 kg Schildkröten erhalten dann 400 g Feuchtfutter. Eine deutliche Erhöhung der Schlupfrate wird in direkten Zusammenhang mit der Ernährungsumstellung auf überwiegende Verfütterung von faserreichem Grünfutter gebracht.

Die Ergebnisse von MOSKOVITS u. BJORNDAL (1990) stehen stark im Widerspruch zu den Beobachtungen von VINKE u. VINKE (2000). MOSKOVITS u. BJORNDAL (1990) dokumentierten die Futteraufnahmegewohnheiten einer isolierten Inselpopulation von Köhler- und Waldschildkröten in einem gemeinsamen Lebensraum in NW-Brasilien (Roraima, Maracá). Aus diesen Aufzeichnungen geht hervor, dass die Gesamtration bei beiden Arten saisonabhängig mindestens 50 % und bis zu 100 % Früchte enthält. Aus einer Kotprobe isolierte man Bestandteile von bis zu fünf verschiedenen Obstsorten. Daneben gehören auch Weinblätter, Pilze und Aas zum Speiseplan. Tabelle VI im Anhang enthält eine Aufstellung der tierischen und pflanzlichen Einzelfuttermittel, die während der Freilandbeobachtungen von Wald- und Köhlerschildkröten aufgenommen wurden. Die

von Grünfutter, ergänzt durch Heucobs und haltbar gemachtes Grünfutter in Mehlform. Ein- bis zweimal monatlich werden geringe Mengen Katzenfeuchtfutter angeboten. Insgesamt

Köhlerschildkröte (*Geochelone carbonaria*) bei der Aufnahme von Grünfutter im Trockenwald von Paraguay   Foto: T. u. S. Vinke

Zusammensetzung der bevorzugten Früchte gestaltete sich wie folgt (Angaben bezogen auf die Trockensubstanz):

- Rohprotein (Eiweiß) 7,2 %
- Gerüstsubstanzen 56 %
- Kalzium 0,35 %
- Phosphor 0,11 %

Es zeigten sich keine artabhängigen Unterschiede bei der Futtermittelauswahl, wohl nahmen aber männliche Köhlerschildkröten deutlich mehr Obst auf als weibliche Tiere. Eine saisonbedingte Variation in der Diät konnte nur bei *G. carbonaria* beobachtet werden: Während der Regenzeit (Angebot und Auswahl am größten) wurden mehr Früchte gefressen als während der Trockenperiode, Blüten indes nur während der Trockenzeit.

Das Angebot und die Verfügbarkeit exotischer Früchte bei uns wachsen zusehends. Häufig werden diese Früchte zu durchaus akzeptablen Preisen in Groß- bzw. Supermärkten verkauft. Um gleichwertige, handelsübliche pflanzliche Einzelfuttermittel für die Ernährung teilweise fruchtfressender Landschildkröten zu finden, wurden Teilergebnisse der Untersuchungen von MOSKOVITS u. BJORNDAL (1990) den Werten aus Analysen kommerziell erhältlicher Obstsorten gegenübergestellt. Das Hauptaugenmerk bei der vergleichenden Betrachtung gilt den Mineralstoffen Kalzium und Phosphor, da sich aus einem Ungleichgewicht dieser Bestandteile häufig Probleme ergeben. Die im natürlichen Lebensraum von teilweise fruchtfressenden Landschildkröten vorkommenden Obstsorten unterscheiden sich gerade im Hinblick auf den Kalzium- und Phosphorgehalt wie auch im Ca/P-Verhältnis ganz entscheidend von den in Deutschland kommerziell erhältlichen

Im Handel erhältliche exotische Früchte unterscheiden sich im Kalzium- und Phosphorgehalt von Fallobst des natürlichen Lebensraumes tropischer Landschildkröten. Foto: C. Dennert

Köhlerschildkröte (*Geochelone carbonaria*) in einem typischen Habitat, einer Trockensavanne in Französisch-Guayana.   Foto: T. u. S. Vinke

population durchgeführt wurden. Die hier vermehrt fruchtfressenden Wald- und Köhlerschildkröten besiedeln auf dem Festland Lebensräume, deren Aufbau keine Hinweise auf Früchte als Bestandteil der Ration gibt (VINKE u. VINKE 2000). Die Pflanzen der Savanne von Cayenne als typisches Habitat der Köhlerschildkröte in Französisch-Guayana sind überwiegend dickblättrig und faserreich. Neben der pflanzlichen

exotischen Obstsorten (siehe Tabelle III im Anhang). Handelsübliche exotische Früchte enthalten im Durchschnitt weniger als die Hälfte der Kalziummenge und etwas mehr Phosphor als die im natürlichen Lebensraum untersuchten Sorten. Dies könnte am Erntezeitpunkt liegen. Das handelsübliche Obst wird vor seiner Reifung geerntet. Unter natürlichen Bedingungen nehmen Schildkröten jedoch Fallobst auf. Als Beifutter erscheinen nach eigenen Untersuchungen für teilweise fruchtfressende Landschildkröten Ananas, Bananen, Feigen, Kiwis, Kaktusfeigen (Opuntien), Mangostane, Orangen und Papaya geeignet (Aufzählung in alphabetischer Reihenfolge).

Bei der Verwendung von Obst als Beifutter ist dringend die Kotbeschaffenheit der Landschildkröten zu überwachen. Der hohe Gehalt an Fruchtzucker lässt gelegentlich unerwünschte Mikroorganismen, etwa Hefepilze oder Hexamiten, im Darm hervorragend gedeihen. Abschließend sei noch einmal darauf hingewiesen, dass die Beobachtungen von MOSKOVITS u. BJORNDAL (1990) an einer isolierten Insel-

Nahrung steht der Köhlerschildkröte hier ein breites Spektrum an tierischer Nahrung zur Verfügung – verendete und sonnengetrocknete Insekten und Frösche, fingerdicke Regenwürmer und Spinnen (VINKE, mdl. Mittlg.).

6.4.4 Allesfressende Landschildkröten der Gattung Kinixys

Die Glattrand-Gelenkschildkröte (*Kinixys belliana*) gehört zu den wenigen allesfressenden Landschildkröten. Allesfressende Arten bedürfen mehrmals wöchentlich der Beigabe von tierischem Eiweiß. *Kinixys belliana* ist ein wahrhaftiger Allesfresser und nicht wählerisch bei der Futteraufnahme. Ein wesentlicher Anteil der von ihr aufgenommenen Nahrung ist tierischer Herkunft. Bevorzugt werden Wirbellose, etwa Würmer sowie Nackt- und Gehäuseschnecken. An pflanzlichen Einzelfuttermitteln werden Gräser, Gemüse, ausgereifte Früchte, Blüten und Pilze angenommen (DONOGHUE u. MC-KEOWN 1998; INNIS 1994). Die Glattrand-Gelenkschildkröte nimmt ihre Ration frühmorgens an, sobald das Futter in das Terrarium

Die Stutz-Gelenkschildkröte (*Kinixys homeana*) verzehrt im Freiland häufig Wirbellose   Foto: M. Schmidt

gegeben wird. Die Diät besteht bei VINKE (mdl. Mittlg.) vorwiegend aus blattreichem Grünfutter und Gras, daneben Heuschrecken aus eigener Zucht und Schaben. Hunde- und Katzenfutter als tierischer Bestandteil der Nahrung und Obst verursachen Durchfall. Im Freiland wurde *Kinixys belliana* beim Grasen und beim Verzehr von Regenwürmern und Kellerasseln beobachtet. Für *Kinixys homeana* ist ein höherer Anteil an tierischen Einzelfuttermitteln, insbesondere Wirbellosen, zu veranschlagen (VINKE, mdl. Mittlg.). Auch MARSCHALL u. MARSCHALL (1993) beschreiben *Kinixys belliana* als wenig wählerischen Fresser. Alle angebotenen Einzelfuttermittel tierischer und pflanzlicher Herkunft werden angenommen. Die Tiere erhalten unterschiedliche Sorten Gemüse und Obst sowie Wildkräuter. Als tierische Eiweiß-

quellen dienen Feuchtfutter für Hunde und Katzen, gekochtes Ei und tote Jungtiere von Meerschweinchen, Kaninchen und Maus (MARSCHALL u. MARSCHALL 1993). Nach Ansicht der Autorin ist aufgrund ihrer Zusammensetzung vollständigen Wirbeltieren der Vorzug vor Hunde- oder Katzennahrung zu geben.

6.5 Ergänzungsfuttermittel zur Mineralstoff- und Vitaminversorgung

Mischfuttermittel zur Vitamin- und/oder Mineralstoffergänzung der Ration von Reptilien sind häufig in flüssiger Form, selten als Pellets, meist pulverisiert erhältlich. Bei der Verwendung von Ergänzungsfuttermitteln ist es für den Anwender besonders wichtig zu unterscheiden, ob Vitamine **oder** Mineralstoffe enthalten sind – oder Vitamine **und** Mineralstoffe. Diese Unterscheidung wird dem Käufer nicht leicht gemacht. Nur selten geht aus der Bezeichnung des Präparates hervor, was ergänzt werden soll. Bei genauerem Hinsehen erschließt sich aus der Produktbeschreibung dann der Verwendungszweck. Gelegentlich erklärt der Hersteller, dass es sich beim vorliegenden Produkt um ein Mischfutter zur Mineralstoffergänzung handle. Bei genauer Durchsicht der klein gedruckten Inhaltsstoffe werden jedoch fettlösliche Vitamine als zusätzliche Inhaltsstoffe angegeben. So erscheint es als unbedingt notwendig, sich mit dem erworbenen Produkt bzw. mit den Herstellerangaben im Detail auseinander zu setzen. Eine Übersicht der handelsüblichen Vitaminpräparate gibt Tabelle VIII im Anhang. Als Orientierungshilfe werden im Folgenden handelsübliche Produkte nach ihren Inhalten den drei erwähnten Gruppen zugeordnet.

◆ **Mischfuttermittel zur Vitaminergänzung**
Drago-Vit (Faust)
Herbamed Multivitamine (Heiler)
Herpcare Vitamin Supplements (Mardel)
Moon Drops Liquid UVB (T-Rex)
Multivitamin Schildkrötenhilfe (pitti)
Reptilin (Sera)
Reptivite (Zoo Med)
Repti-Zac plus (Zoo Zajac)
ReptoCal (Tetra)
ReptoSol (Tetra)
Schildkröten-Tonikum (Weltweit)
Schildkrötensonne (JBL)
Solar Drops Liquid UVB (T-Rex)
Terra Vit Fluid (JBL)
Vitaterra Turtle Elixier (Vitakraft)

◆ **Mischfuttermittel zur Vitamin- und Mineralstoffergänzung**
2:1 Calcium/Phosphorus (T-Rex)
Calcium : Phosphorus (Fluker)
Calcium + Vit. D_3 (Natural World)
Drago-Vit Calcium + Vitamin D_3 (Faust)

Flumon Schildkröten-Elixier (Weltweit)
Herpcare Calcium + Vit. D_3 Supplement (Mardel)
Mineral-Vitamin-Tropfen (Dr. Clauder)
Nekton-Iguana (Enderle)
Nekton-MSA (Enderle)
Nekton-Rep (Enderle)
Nekton Tonic-R (Enderle)
Raff Calciofix (Ravasi)
Repta-Calcium (Fluker)
Repta-Vitamin (Fluker)
Reptimineral C (Sera)
Reptovit (Zoomedica Frickhinger)
Petaid Schildkrötenhilfe (Rodentia-Steinbach)
TerraVit Pulver (JBL)
ReptoLife (Tetra)
Vitamintropfen für Schildkröten (Trofizoon)
Vitaterra Reptile –Mineral– (Vitakraft)
Vitobel CA 26 (Vitakraft)

◆ **Mischfuttermittel zur Mineralstoffergänzung**
Bone Aid (T-Rex)
Calcil
Dorswal Kalk-Präparat (Roswal)
Echsen-Mineral-Spezialfutter (Roswal)
Herbamed Mineral (Heiler)
Herpcare Calcium Pellets (Mardel)
Herpcare Calcium Supplement (Mardel)
Natural World Calcium+ Ultrafine (Natural World)

An dieser Stelle sei nochmals ausdrücklich darauf hingewiesen, dass nach Ansicht der Autorin der Bedarf gesunder pflanzenfressender Landschildkröten an den Vitaminen A, E und K durch die Aufnahme von genügend frischem Grünfutter gedeckt sein dürfte. Bei ausreichender Bestrahlung mit UV-B sollte auch die Verfügbarkeit von körpereigenem gebildetem Vitamin D_3 sichergestellt sein. Entsprechend ist bei abwechslungsreicher Ernährung einer Landschildkröte mit frischen pflanzlichen Einzelfuttermitteln eine zusätzliche Vitaminversorgung insbesondere mit fettlöslichen Vitaminen nicht erforderlich. Die dosierte Verabreichung wasserlöslicher Vitamine ist unbedenklich.

7 Wasserversorgung

Die Aufnahme von frischem Trinkwasser sollte Landschildkröten im Freiland wie auch im Zimmerterrarium jederzeit möglich sein. Nach eigenen Beobachtungen nehmen fast alle Schildkrötenarten (mit Ausnahme von *Testudo horsfieldii*) eine Wasserschale im Auslauf als Badegelegenheit gerne an und trinken regelmäßig. Als Wassernapf eignen sich flache Schalen, beispielsweise Tonuntersetzer für Blumentöpfe. Der Durchmesser des Trinkgefäßes sollte so bemessen sein, dass die Tiere vollständig in der Schale sitzen, also baden können. Die Höhe des Napfes muss auch dem kleinsten Gruppenmitglied einen leichten Ein- und Ausstieg ermöglichen. Die Reinigung der Gefäße und der Wasserwechsel sollte zumindest einmal täglich erfolgen. Tonuntersetzer oder Steingutschalen bieten den Vorteil, dass in regelmäßigen Abständen eine Sterilisierung durch Hitze erfolgen kann. Es bietet sich an, die gereinigten und durchgetrockneten Schalen für etwa eine halbe Stunde bei hoher Temperatur in den Backofen zu stellen. Werden die trockenen Gefäße in den kalten Ofen gestellt und lässt man sie nach dem Erhitzen auch langsam wieder im Ofen abkühlen, so zerspringen sie nicht.

Für adulte Tiere (hier *Testudo marginata*) sollte die Trinkschale großzügig angelegt sein. Die schwarze Farbe der Schale begünstigt das schnelle Aufwärmen des Wassers.   Foto: T. u. S. Vinke

Eine Badeschale für juvenile Landschildkröten (*Testudo marginata*) soll ausreichend Platz bieten. Die Kieselsteine ermöglichen den Tieren, sich wieder herumzudrehen, wenn sie auf den Rücken fallen.

Foto: T. u. S. Vinke

Leider vertreten viele Schildkrötenhalter den Standpunkt, dass ihre Landschildkröten kein Trinkwasser brauchen. Häufig steht den Tieren also kein Wassernapf zur Verfügung, meist mit der Begründung, dass das Futter ausreichend Wasser enthalte. Dies ist nicht richtig. Die häufig aufgenommenen pflanzlichen Einzelfuttermittel enthalten zwar einen hohen Wasseranteil, i. d. R. 80–95 % Wasser in der ursprünglichen Substanz, jedoch benötigen Landschildkröten offensichtlich mehr als das über die Nahrung aufgenommene Wasser, um ihren Flüssigkeitshaushalt zu regulieren und Stoffwechselprodukte auszuscheiden. Pflanzenfressende Säugetiere würden unter solchen Umständen verenden. Ein anderer Standpunkt besagt, dass die Näpfe durch Harn oder Kot regelmäßig verunreinigt würden. Das ist auch richtig, aber wiederum kein Grund, den Tieren die freie Verfügbarkeit von Wasser abzusprechen. Leider erhalten diese Landschildkröten oft nicht einmal die Möglichkeit, ihren Flüssigkeitshaushalt in ausgiebigen Bädern zu regulieren. Diese Praxis ist nicht nur widersinnig, vielmehr sogar tierschutzwidrig.

Kalifornische Wüstenschildkröten (*Gopherus agassizii*) trinken in Freilandhaltung aus Wassernäpfen (LOWE 1996) und nehmen bei ausreichender Verfügbarkeit sogar bis zu 43 % ihrer Körpermasse an Wasser auf (MILLER 1932). In der Natur wird nach gelegentlichen Niederschlägen aus Wasseransammlungen getrunken, die sich in Vertiefungen gebildet haben. Teilweise scheinen sich die Schildkröten

Diese Trinkschale ist zu klein, als dass die Schildkröte darin baden könnte. Foto: T. u. S. Vinke

diese Vertiefungen selbst zu diesem Zwecke zu schaffen (MEDICA et al. 1980). Die Ägyptische Landschildkröte (*Testudo kleinmanni*) zeigt ein ähnliches Trinkverhalten wie die Kalifornische Wüstenschildkröte. Sie trinkt nur gelegentlich, aber dann vermutlich große Mengen bzw. ausgiebig. Nach Regenfällen bzw. nach dem Rasensprengen verbringt sie lange Zeit im nassen Gras, um Wasser aufzunehmen (DEVAUX 1997). Zur Wasseraufnahme und dem tatsächlichen Wasserbedarf von Reptilien liegen keine weiteren Untersuchungen vor.

Wassermangel ist ein häufiger Grund für das Entstehen von Gicht. Durch unzureichende Verfügbarkeit oder Aufnahme von Trinkwasser kommt es zur Anreicherung von Harnsäure im Blut mit den entsprechenden Folgen für den Organismus. Kapitel 9.3 widmet sich dem Krankheitsbild der Gicht bei Reptilien. Für die Haltung der meisten Schildkrötenarten eignet sich eine relative Luftfeuchtigkeit (RLF) von 50–70 %. Tropenbewohner bedürfen höherer RLF, für Wüsten bewohnende Reptilien muss der Wert unter 50 % RLF liegen (BOYER 1986).

Ägyptische Landschildkröten (*Testudo kleinmanni*) trinken nur gelegentlich, dann aber ausgiebig.

Foto: H. Werning

8 UV-Licht

Pflanzliche Nahrung enthält lediglich Vorstufen, so genannte Provitamine, der biologisch wirksamen Substanz Vitamin D_3. Nach der Aufnahme werden diese Provitamine im Körper umgewandelt zu Vitamin D_3. An diesem Vorgang beteiligen sich die Leber und die Nieren, und ein Umwandlungsschritt erfolgt in der Haut unter Einwirkung von UV-Strahlung der Wellenlänge 290–320 nm, also UV-B. UV-B-Strahlung übernimmt damit eine wesentliche Funktion bei der körpereigenen Herstellung von Vitamin D_3. Die Bedeutung des Vitamins D_3 wurde bereits im Kapitel 4.4.2 („Fettlösliche Vitamine") besprochen.

Wird Vitamin D_3 nicht direkt über die Nahrung verabreicht, so bedeutet dies, dass Landschildkröten entweder dem Sonnenlicht auszusetzen sind, oder man stellt eine künstliche UV-B-Quelle zur Verfügung. Nach Berechnungen von HOPPE (2000) müsste einer Landschildkröte z. B. im Ort Neuherberg (48,2 °NB, Deutschland, 13. Juli, Mittagszeit bei klarem Himmel) eine Bestrahlungsdauer von etwa sechs Minuten ausreichen, um ihren Bedarf an Vitamin D_3 zu decken. Die erforderliche Bestrahlungszeit ändert sich mit der Intensität der Sonneneinstrahlung. Diese hängt wiederum von vielen Faktoren ab, etwa vom Ort, der Tageszeit, den Witterungsbedingungen usw. Für Arten, die nicht zur Freilandhaltung geeignet sind, sollte eine künstliche Strahlungsquelle im Terrarium angebracht sein. Diese künstlichen Strahlungsquellen für UV-B sind in unterschiedlicher Form im Fachhandel zu erwerben:
• Neonlampen
• Osram UltraVitaLux 300 Watt
• Metalldampfentladungslampen (HQI/HQL)
Die von künstlichen Quellen ausgehende UV-B-Strahlung erreicht bei weitem nicht die Intensität von UV-B im natürlichen Sonnenlicht. Entsprechend muss bei ihrem Einsatz die Bestrahlungsdauer verlängert werden, um einen der Sonneneinstrahlung gleichwertigen Effekt zu erzielen. In Tabelle 15 sind die von HOPPE (2000) berechneten Bestrahlungszeiten unterschiedlicher Strahlungsquellen gegenübergestellt.

Um also die soeben erwähnte Landschildkröte aus Neuherberg in einem Terrarium mit ausreichend UV-B-Strahlung zu versorgen und vermutlich ihren Tagesbedarf an Vitamin D_3 zu decken, müsste die Strahlung einer Reptisun 5.0 aus 30 cm über einen Zeitraum von 100 Minuten auf die Haut der Schildkröte einwirken. Es ist also durchaus möglich, Landschildkröten im Terrarium die für die körpereigene Vitamin-D_3-Herstellung nötige Menge an UV-B-Strahlung zu bieten. Trotz enormer Lichtleistung geben HQI-Lampen vergleichsweise wenig UV-B-Strahlung ab. Hier beliefe sich die erforderliche Bestrahlungszeit auf 10 Stunden. Allerdings sollte UV-Strahlung umsichtig eingesetzt werden, d. h., die Bestrahlung von Reptilien hat dosiert zu erfolgen. Je nach Bauart und Typ der Strahlungsquelle ist unbedingt eine Gewöhnungsphase unterschiedlicher Dauer einzuhalten. Andernfalls muss man mit Augenschäden und Verbrennungen mit entsprechenden Folgeerscheinungen bei den der Strahlung ausgesetzten Tieren rechnen. Nach KEIL (mdl. Mittei-

Tab. 15 – Vermutlich erforderliche UV-B-Strahlungsdauer, um den Bedarf einer LSK an Vit. D_3 zu decken

Strahlungsquelle UV-B	Abstand zum Tier	Bestrahlungsdauer
Sonne	–	5,7 Minuten
Osram UltraVitaLux	25 cm	6 Minuten
Reptisun 5.0	30 cm	100 Minuten
HQI	30 cm	10 Stunden
Reptiglo	30 cm	18,5 Stunden

Bevorzugter Futter- und Sonnenplatz einer Griechischen Landschildkröte im Freigehege   Foto: T. u. S. Vinke

lung,1996) treten bei der Bestrahlung mit einer „Osram Ultra Vita Lux", 300 Watt, nach folgendem Schema keine Schäden auf: Bestrahlung der Tiere aus einem Meter Abstand von oben mindestens viermal wöchentlich, beginnend mit fünf Minuten pro Tag in der Gewöhnungsphase. Im Wochenrhythmus sollte die tägliche Beleuchtungsdauer um eine Minute gesteigert werden bis zu einer Dauer von 20–30 Minuten je Bestrahlung. Diese Methode erfordert allerdings ein Umsetzen der Landschildkröten zum Zweck der Bestrahlung, da in seltenen Fällen ein Zimmerterrarium zur Verfügung steht, in dem die besagte Strahlungsquelle in ausreichendem Abstand zum Tier angebracht werden kann. Nach den Berechnungen von HOPPE (2000) ist anzunehmen, dass alternative Leuchtmittel bei entsprechender Zeitschaltung bedarfsdeckend sind. Untersuchungen bezüglich der körpereigenen Vitamin-D$_3$-Herstellung bei Landschildkröten

liegen nicht vor, doch scheinen einige Arten, z. B. die Waldschildkröte (*Geochelone denticulata*) bei der Synthese der wirksamen Substanz nicht auf die Einwirkung von UV-B-Strahlung angewiesen zu sein.

An kühlen Tagen wird nach dem Fressen unter dem Strahler im Gewächshaus geruht.   Foto: T. u. S. Vinke

93

9 Ernährungsbedingte Erkrankungen

Aus eigenen Erhebungen am Reptilienklientel einer spezialisierten Kleintierpraxis ergab sich eine prozentuale Häufigkeit von Erkrankungen mit vermutlich ernährungsbedingter Genese von 24 % bei den insgesamt 135 vorgestellten Landschildkröten (DENNERT 1997). Die für Landschildkröten ermittelte Häufigkeit ernährungsbedingter Erkrankungen korreliert mit den Angaben von HOLT et al. (1979), der das Auftreten bei 70 Landschildkröten auf 26 % bezifferte. Während der Praxiserhebungen wurden bei Landschildkröten gehäuft Skeletterkrankungen beobachtet. Betroffen waren oft Jungtiere (Alter 1–3 Jahre), aber auch halbwüchsige und erwachsene Tiere. Das klinische Bild erlaubt keine Rückschlüsse auf die Entstehung von Skeletterkrankungen, kann aber in Verbindung mit einer genauen Hinterfragung der Fütterungsgewohnheiten und Haltungsbedingungen auf die vermutliche Ursache hinweisen. Häufig sind stoffwechselbedingte Erkrankungen des Skelettsystems die Folge von Störungen des Kalziumhaushalts bzw. einem ungünstigen Ca/P-Verhältnis der Nahrung, oder sie ergeben sich aus einem Vitamin-D$_3$-Mangel bzw. fehlender UV-Bestrahlung. Auch ein Eiweißmangel kann Ursache einer Skeletterkrankung sein. Neben Ernährungsfehlern kommen auch Erkrankungen von Niere oder Darm für die Entstehung von Skeletterkrankungen in Frage.

9.1 Skeletterkrankungen

9.1.1 Rachitis

Unter dem Begriff der Rachitis wird eine Jungtiererkrankung verstanden, bei der die Mineralisierung des Knorpelmodells ausbleibt oder nur unvollständig stattfindet. Das Knorpelmodell der Jungtiere ist der Platzhalter für das spätere Skelett. Als Ursache kommt ein Vitamin-D$_3$-Mangel in Frage, beispielsweise infolge fehlender UV-Bestrahlung. Auch ein Phosphormangel kann für die ausbleibende oder unzureichende Mineralisierung verantwortlich gemacht werden, eventuell in Kombination mit einem Kalziummangel (DAHME u. REINACHER 1988).

- Ernährungsbedingte Skeletterkrankungen -

1) Rachitis der Jungtiere und
   Osteomalazie (Knochenerweichung) bei Adulten
      Ursache: Mangel an Vitamin D$_3$ oder Phosphor,
      evtl. in Kombination mit Ca-Mangel

2) Osteoporose (Knochenschwund)
      Ursache: Mangel an Protein,
      evtl. Kalzium u. Phosphor

3) Osteodystrophia fibrosa (Knochenauftreibung)
      Ursache: P-Überschuß und Ca-Mangel

Abb. 17

94

Panzerverformungen bleiben auch nach Behandlung einer Rachitis erhalten.   Foto: C. Dennert

9.1.2 Osteomalazie (Knochenerweichung)

Im Skelett finden laufend Umbauvorgänge statt. Bleibt im Rahmen dieser Umbauvorgänge die Mineralisation aus, so kommt es zur Knochenerweichung. Die Osteomalazie tritt bei erwachsenen Tieren auf und hat dieselben Ursachen wie die Rachitis der Jungtiere (DAHME u. REINACHER 1988).

9.1.3 Osteoporose (Knochenschwund)

Unter Osteoporose wird eine Verminderung von Knochensubstanz verstanden, bei der die normale Struktur des Knochens erhalten bleibt.

Im Röntgenbild stellt sich Knochenschwund durch eine löchrige Panzerstruktur dar.   Foto: C. Dennert

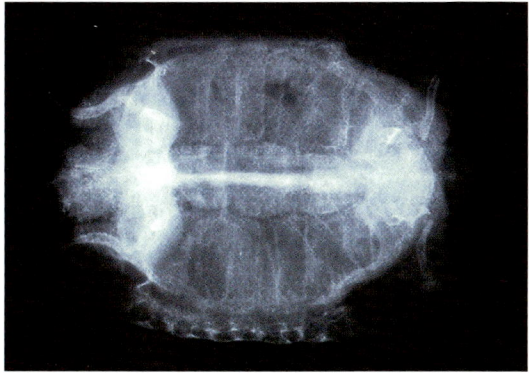

Diese Erkrankung tritt bei Landschildkröten nach mehrmonatiger Futterverweigerung oder unzureichender Fütterung als so genannte Hungerosteoporose auf. Die Knochenplatten des Panzers erscheinen im Röntgenbild löchrig wie ein Schwamm. Dies kommt dadurch zustande, dass abgebautes Knochengewebe nur vermindert ersetzt werden kann. In diesen Löchern findet sich gallertartiges Ersatzgewebe. Die Umbauvorgänge des Skeletts befinden sich nicht mehr im Gleichgewicht. Für das betroffene Tier besteht eine erhöhte Gefahr von Panzerbrüchen. Als Ursachen sind hier eine unzureichende Eiweißversorgung, aber auch ein Kalzium- und Phosphormangel in Betracht zu ziehen (DAHME u. REINACHER 1988).

9.1.4 Osteodystrophia fibrosa (Knochenauftreibung)

Bei dieser Erkrankung findet ein erhöhter Abbau von mineralisiertem Knochengewebe statt. Die mangelnde Stabilität des Skeletts versucht der Organismus durch „minderwertiges" Knochengewebe (Osteoid) oder vermehrtes Bindegewebe auszugleichen. Diese Situation kann ernährungsbedingt sein, etwa durch einen Phosphor-Überschuss und gleichzeitigen Kalziummangel in der Ration. Liegt außerdem eine Unterversorgung mit Vitamin D_3 vor, so verläuft die Erkrankung schneller und schwerer. Auch eine anhaltende Kalziumunterversorgung des Körpers kann über Umwege zu diesem Krankheitsbild führen (DAHME u. REINACHER 1988).

9.2 Gicht

Bei Reptilien ist unter dem Krankheitsbild der Gicht eine Störung des Harnsäure-Stoffwechsels zu verstehen. Es kommt zur Ablagerung von Harnsäurekristallen an verschieden Orten im Organismus. So können etwa Gelenke, Organe und/oder der Überzug von Organen, so genannte seröse Häute, betroffen sein. Je nach

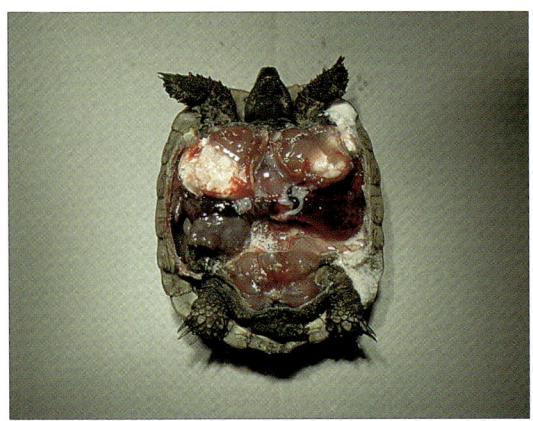

Starke Einlagerung von Harnsäure im Bereich der Schultern bei einer Griechischen Landschildkröte (Gelenkgicht)   Foto: C. Dennert

9.3 Legenot und Hypokalzämie

Die Legenot ist eine in der Praxis gehäuft auftretende Erkrankung bei Landschildkröten. LLOYD (1990) beziffert das Vorkommen dieses Problems bei Reptilien in Terrarienhaltung auf 10 %, anteilig entfallen davon 39,4 % auf Schildkröten. Das klinische Bild kann charakteristisch, jedoch auch unspezifisch sein, oder die Legenot verläuft symptomlos. Bei Schildkröten werden nicht abgelegte Eier auch als Nebenbefund im Rahmen einer Allgemeinuntersuchung festgestellt, oder der Untersucher wird möglicherweise durch Schürfwunden an den Hintergliedmaßen infolge andauernder Grabetätigkeit auf die Legenot aufmerksam. Die Lähmung der Hinterbeine kann bei Schildkröten Hinweis auf eine Legenot sein. Ein im Bereich des Beckens festsitzendes Ei kann eine Nervenlähmung verursachen. Generell können bei allen Reptilien neben Haltungs- auch Fütterungsfehler für eine Legenot verantwortlich gemacht werden sowie übergroße Gelege, absolut zu große Eier und Infektionen der Geschlechtsorgane (DENARDO 1996; DONE 1996; KÖHLER 1996; RAITI 1995). Nach LLOYD (1990) haben fütterungsbedingte Legenöte die größte Bedeutung. Durch den erhöhten Kal-

örtlicher Beschränkung der Ablagerungen wird von Gelenks- oder Organgicht gesprochen. So kann die Gicht beispielsweise Verdickungen im Bereich der Knie oder Kiefergelenke verursachen. FRYE (1991b) benennt als die drei häufigsten Ursachen für die Entstehung einer Gicht den Wassermangel, die übermäßige Aufnahme von tierischem Eiweiß beim Pflanzenfresser und Nierenfunktionsstörungen. Folge wäre jeweils eine Anreicherung von Harnsäure im Blut und weiter die Ablagerung von Harnsäure in Gelenken oder Organen. Die häufigste Erscheinungsform ist die Organgicht, und am meisten betroffen sind Landschildkröten. Auch FRANK (1978) vermutet, dass die Entstehung einer Organgicht ernährungsbedingt sein kann. Allerdings ist die Entwicklung der Gicht bei Reptilien nicht eindeutig geklärt. Von Vögeln ist bekannt, dass ein Vitamin-A-Mangel die Ausscheidung von Harnsäuresalzen behindert (GRINER 1983). Untersuchungen am pflanzenfressenden Grünen Leguan ergaben, dass mit zunehmendem Eiweißgehalt in der Nahrung vermehrt Stickstoff ausgeschieden wird, jedoch zeigten sich keine Unterschiede im Blut-Harnsäurespiegel der Tiere (ALLEN et al. 1990).

Legenot und eine Ansammlung von feinkörnigem Kies im Verdauungstrakt bei einer Griechischen Landschildkröte   Foto: C. Dennert

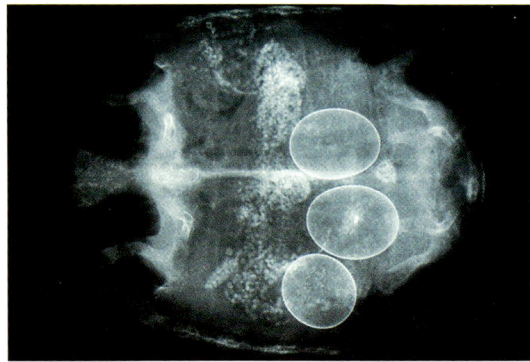

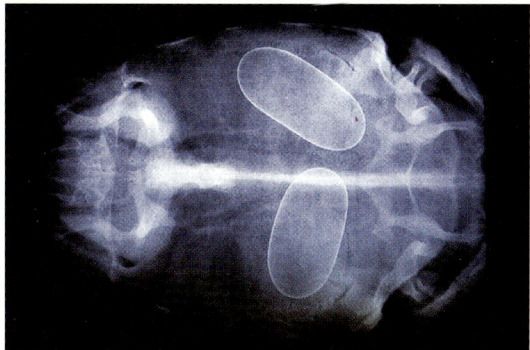

Legenot bei einer Gelenkschildkröte

Foto: C. Dennert

ziumbedarf zur Anbildung der Eischalen, evtl. in Kombination mit kalziumarmer Nahrung, einem ungünstigen Ca/P-Verhältnis in der Ration und/oder einer Unterversorgung mit Vitamin D entsteht eine so genannte Hypokalzämie. Daneben kann sich die Problematik einer Hypokalzämie aus einer Nierenerkrankung mit mangelhafter Nierenfunktion ergeben. Ein solcher Mangelzustand kann zur völligen schlaffen Lähmung des Tieres führen (BOYER 1996). Selten kommt es in diesem Zusammenhang bei Schildkröten zu Muskelkrämpfen (DONE 1996). Bei Vorliegen einer Hypokalzämie ist Kalziumboroglukonat zu verabreichen, in anderen Fällen kann die Eiablage durch Oxytocin herbeigeführt werden, oder das Gelege ist chirurgisch zu entwickeln (LLOYD 1990).

9.4 Erkrankungen durch Vitamin-Unterversorgung (Hypovitaminosen)

Im Gegensatz zu den Erkrankungen infolge Mangel an fettlöslichen Vitaminen ist das Bild einer Mangelerkrankung bei wasserlöslichen Vitaminen sehr unspezifisch. Die Wirkstoffe sind an unzähligen Vorgängen im Organismus beteiligt. Entsprechend vielgestaltig sind auch die meisten Krankheitsbilder, die aus einer

Unterversorgung resultieren können. Für Reptilien liegen keine wissenschaftlichen Ergebnisse zu dieser Thematik vor. Bei vielen Tierarten, beispielsweise bei Pferden, Hunden und Katzen, vermutlich also auch bei Landschildkröten nimmt der Appetit des Tieres bei unzureichender Versorgung mit B-Vitaminen ab. Die körpereigene Abwehr wird geschwächt (KOLB 1998). Wenig wahrscheinlich ist das Auftreten eines Mangels an den fettlöslichen Vitaminen A, E und/oder K bei gesunden pflanzenfressenden Landschildkröten. Diese Vitamine bzw. ihre Vorstufen sind in frischem Grünfutter in ausreichender Menge enthalten und dürften bei ausreichender Futteraufnahme den Bedarf decken (siehe Kapitel 4.4.2. Fettlösliche Vitamine, Tab. 6: Vorkommen der fettlöslichen Vitamine in der Nahrung). Entsprechend liegen bei Landschildkröten keine aussagekräftigen Untersuchungen zu Erkrankungen infolge Unterversorgung mit den fettlöslichen Vitaminen A, E und K vor. Wie bereits angesprochen, ist bei kranken Tieren der Vitaminbedarf erhöht, und die Aufnahme von Vitaminen aus dem Darm kann durch Erkrankung des Verdauungskanals gestört sein.

9.4.1 Vitamin-A-Mangel

Die im Abschnitt über den Aufbau von Schnabel und Maulhöhle beschriebenen Schleim absondernden Zellen im Bereich des Rachens reagieren besonders empfindlich auf Vitamin-A-Mangel. Das Problem stellt sich insbesondere bei Wasserschildkröten in Terrarienhaltung, die eine eiweißreiche Diät mit unzureichendem Gehalt an Vitamin A und/oder dessen Vorstufen zugeteilt bekommen (FRYE 1991b). Bei Landschildkröten kommt es vergleichsweise selten zu einer Vitamin-A-Mangelsituation. Nach BURKE (1970) sind pflanzenfressende Arten eher betroffen als Fleischfresser. Verdächtig sind Landschildkröten, die sich im Bereich von Hals und Oberarm stark schuppen. Von Vögeln ist bekannt, dass ein Vitamin-A-Man gel die Ausscheidung von Harnsäuresalzen behindert (GRINER 1983). Nach STEUER (1966) kann ein Vitamin-A-Mangel bei Landschildkröten eine Trübung der Hornhaut des Auges verursachen, begleitet von Hyperkeratose der Zungenschleimhaut.

9.4.2 Vitamin-D$_3$-Mangel

Bei einem Mangel an Vitamin D$_3$ entwickelt sich bei Jungtieren eine Rachitis, bei Erwachsenen kommt es zur Knochenerweichung, da der Mineralstoffhaushalt gestört ist (siehe Kapitel 9.1: Skeletterkrankungen). Auch Leber- und Nierenerkrankungen können durch einen verminderten Aufbau von Vitamin D$_3$ Skeletterkrankungen verursachen (KOLB 1998). Zudem kann ein Mangel an Vitamin D zu Missbildungen der Frucht führen (BERSIN 1966), bei Hennen zeigt sich eine abnehmende Legetätigkeit, und Küken schlüpfen schlechter (KOLB 1998).

9.4.3 Vitamin-E- und Selen-Mangel

Herzmuskelerkrankungen wurden in Verbindung mit Vitamin-E-Mangel bei über 100 Wiederkäuern und Primaten sowie 106 Embryos und frisch geschlüpften Hühner- und Entenküken festgestellt. Die Küken konnten die Eischale nicht aufpicken und verendeten im Ei. Frisch

Knochenstoffwechselstörung und Panzerverformung bei einer Griechischen Landschildkröte (Vitamin-D$_3$-Mangel)   Foto: C. Dennert

geschlüpfte Hühner- und Entenküken und neugeborene Wiederkäuer waren lebensschwach, hatten Schwierigkeiten beim Aufstehen oder sich auf den Beinen zu halten und starben binnen weniger Tage (KOLB 1998; LIU et al. 1985). Erkrankungen infolge eines Mangels an Vitamin E und Selen sind für viele Tierarten beschrieben. FRYE (1996) berichtet von erkrankten Echsen, Schlangen und Wasserschildkröten. Tabelle 16 gibt eine Übersicht der betroffenen Tierarten und Organsysteme sowie der Auswirkungen von Mangelsituation. Außerdem wur-

Tab. 16 – Erkrankungen verschiedener Tierarten durch Mangel an Vitamin E und Selen

Betroffen sind	Betroffenes Gewebe/Organ	Auswirkungen
Grüner Leguan	Skelettmuskulatur	Muskelschwäche
Jungtiere (Fohlen, Kalb, Lamm, Ferkel, Küken)	Herzmuskel, Skelettmuskulatur	Muskelschwäche
Ferkel, Hühnchen	Blutgefäße	Funktionsstörungen der kleinsten Blutgefäße
Schwein	Leber	Nekrose
Hühnchen	Kleinhirn	Zellzerfall
Kalb, Lamm, Hund, Geflügel	Fettgewebe	Gelbfärbung

(FRYE 1996; KOLB 1998)

de bekannt, dass ein Mangel an Vitamin E zu Missbildungen der Frucht führen kann (BERSIN 1966).

Aufgrund der engen funktionellen Verbindung von Vitamin E und Selen im Stoffwechsel kann in so genannten Selen-Mangelgebieten die Wirksamkeit von Vitamin E beeinträchtigt sein. Die Böden verschiedener Gebiete in Deutschland sind besonders selenarm. Selen-Mangelgebiete finden sich im Allgäu, in Thüringen und im Erzgebirge sowie in Niedersachsen und Ostfriesland. Um hier eine ausreichende Selenversorgung über das Futter zu erreichen, muss entweder gedüngt werden oder ein Zusatz von Selen zum Futter erfolgen (KOLB 1998).

9.4.4 Vitamin-K-Mangel

Durch einen Mangel an Vitamin K ist die normale Geschwindigkeit der Blutgerinnung verzögert. Die Folge sind beim Menschen und bei allen untersuchten Tieren eine Blutungsneigung und Blutungen in verschiedenen Geweben. Ein Mangel an Vitamin K kann durch ungenügende Zufuhr mit der Nahrung entstehen, aber auch durch eine gestörte Aufnahme im Darm und ebenso bei verminderter Bereitstellung von Vitamin K durch die Darmbakterien, etwa infolge Verabreichung von Antibiotika. Kokzidienbefall mindert die Verwertung von K-Vitaminen (nach KOLB 1998).

9.5 Erkrankungen durch Vitamin-Überversorgung (Hypervitaminosen)

Erkrankungen infolge Überdosierung von Vitaminen treten bei übermäßiger Aufnahme von fettlöslichen Vitaminen auf. Diese werden in der Leber, teilweise im Fettgewebe und auch in den Nieren gespeichert. Wasserlösliche Vitamine mit Ausnahme von B_{12} werden im Gegensatz zu den fettlöslichen im Organismus nur in geringer Menge eingelagert. Ein Überschuss an wasserlöslichen Vitaminen wird vorwiegend über die Nieren wieder ausgeschieden. Die

Speicherung von Vitaminen hat den Vorteil, dass der Organismus bei nicht ausreichender Zufuhr über die Nahrung Engpässe überbrücken kann, jedoch birgt diese Speicherfähigkeit auch die Gefahr von Vergiftungen. Aus den lückenhaften Kenntnissen über den Vitaminbedarf von Reptilien sowie häufig nicht differenzierten Fütterungsanweisungen ergibt sich in der Praxis das Problem nicht bedarfsgerechter Vitaminversorgung.

9.5.1 Vitamin-A-Vergiftung (Hypervitaminose A)

Die vergleichsweise selten in der Praxis anzutreffende Vitamin-A-Vergiftung bei Landschildkröten hat nach eigenen Erfahrungen zweierlei Ursachen. Sie ist entweder die Folge der Verwendung hochkonzentrierter handelsüblicher Präparate zur Ergänzung des Vitaminbedarfs (siehe Tabelle VIII im Anhang), oder die Vergiftung wurde durch tierärztliche Verabreichung hochkonzentrierter Vitaminlö

Eine starke Überdosierung von Vitamin A führt bei Landschildkröten zur Ablösung der Oberhaut.

Foto: C. Dennert

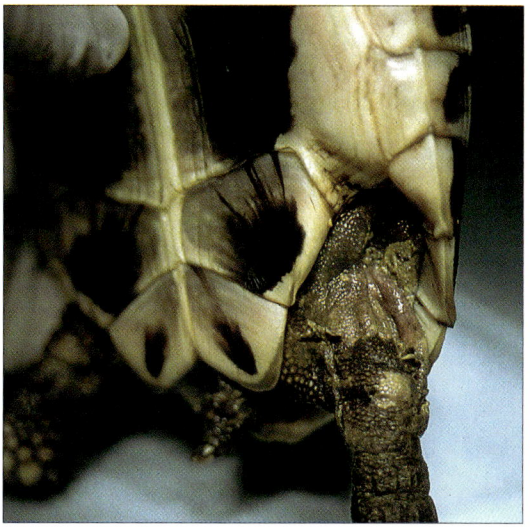

sungen verursacht. In der Literatur wird insbesondere auch auf die durch tierärztliche Behandlung entstandene Vitamin-A-Vergiftung durch Vitamin-AD$_3$E-Injektionslösungen eingegangen. Es kommt bei Überdosierung zu unterschiedlich großflächiger Ablösung der Oberhaut. Charakteristische Stellen sind der Hals, die Vorder- und Hintergliedmaßen sowie der Schwanz (FRYE 1991b; BOYER 1996). Wie auch für andere Vitamine beschrieben, können nach überhöhten Dosen von Vitamin A Missbildungen der Frucht auftreten (BERSIN 1966).

9.5.2 D-Hypervitaminose

Ein Vitamin-D$_3$-Überschuss resultiert beim Pflanzenfresser i. d. R. aus Fütterungsfehlern. Pflanzliche Nahrung enthält meist nur Vorstufen der wirksamen Substanz, nämlich des Vitamins D$_3$. Die Vorstufen werden im gesunden Organismus nach der Futteraufnahme durch Umbauvorgänge am Molekül nach Bedarf in die wirksame Form umgewandelt. An diesen Vorgängen sind Nieren und Leber sowie UV-B-Strahlung beteiligt. Selbst bei weit über den Bedarf hinausgehender Versorgung mit Vitamin D$_3$ über die Nahrung nimmt die Aufnahme über den Darm nicht ab. Es entwickelt sich eine so genannte Hypervitaminose (KOLB 1998). Anfangs findet ein vermehrter Abbau von Knochengewebe (Osteoporose) statt. Daraufhin wird vermehrt unfertiges Knochengewebe (Osteoid) gebildet (Osteomalazie). Später baut der Organismus fehlende Mineralstoffe in dieses Osteoid ein – Folge ist die Knochenverdichtung, eine Osteosklerose (DAHME u. REINACHER 1988). Ist der Vitamin-D$_3$-Überschuss begleitet von Kalzium-Überversorgung, so erfolgt massiver Einbau von Kalzium in Knochen und Organe sowie Gefäße (PALLASKE 1961; LINDT 1968; SCHUCHMANN u. TAYLOR 1970). Wird demnach ein Tier mit Skelettveränderungen in der tierärztlichen Praxis vorgestellt, so ist es unbedingt notwendig, durch genaues Hinterfragen der Fütterungsgewohn-

heiten oder durch eine Blutuntersuchung den Hintergrund der vorliegenden Veränderungen zu erforschen. Denn eine Überversorgung mit Vitamin D$_3$ kann ein vergleichbares klinisches Bild verursachen wie ein Vitamin-D$_3$-Mangel. Die Behandlung desselben Bildes würde aber völlig gegensätzliche Maßnahmen erfordern. Bei Falschdiagnose waren die Folgen für das Tier katastrophal (FRYE et al. 1991b). Nach Erkrankung und Verenden einer Köhlerschildkröte, die jahrelang mit Katzenkost gefüttert wurde, fanden sich im Körperinnern starke Verkalkungen von Eileiter, Magen- und Darmwand und Blase sowie von Herz- und Nierengefäßen, vermutlich infolge des hohen Vitamin-D$_3$-Gehalts in Katzennahrung (BARTEN 1982). Bei Weidetieren kann es nach umfangreicher und andauernder Aufnahme verschiedener Pflanzenarten zu den Symptomen einer Vitamin-D-Überdosierung kommen. Beispielsweise verursacht der einheimische Goldhafer (Futtergras, *Trisetum flavescens*) Kalkeinlagerungen in Blutgefäßen, Herz, Lungen, Nieren und Gelenken sowie erhöhten Kalzium- und Phosphorspiegel im Blut. Bis zu 35 % der Schlachtrinder aus Grünlandbetrieben des deutschen und österreichischen Alpenvorlandes mit hohem Goldhafervorkommen zeigten Verkalkungen der Hauptschlagader (MENKE u. HUSS 1987).

Verwendet man Mischfuttermittel zur Vitaminergänzung, in denen das wirksame Vitamin D$_3$ vorliegt, so hat man kritisch dessen Konzentration zu beurteilen und das jeweilige Mischfutter nach Körpermasse, also Bedarf und Futteraufnahme zu dosieren. Hilfestellung bei der Dosierung von handelsüblichen Präparaten zur Vitaminergänzung gibt Tabelle VIII im Anhang. Steht keine ausreichend feine Waage zur Verfügung, oder weiß man nicht, wie die Angaben des Herstellers umzusetzen oder zu beurteilen sind, sollte möglichst auf diese Form der Nahrungsergänzung verzichtet werden.

9.6 Arterienverkalkung

Arterienverkalkung (Arteriosklerose) kommt bei vielen Reptilienspezies vor. Beschrieben werden Knötchen und Beläge in der Auskleidung großer Arterien von Schlangen, Schildkröten und Echsen. Wahrscheinlich handelt es sich bei einigen dieser Veränderungen um Reaktionen auf eine durch Parasiten bedingte Gefäßentzündung (FINLAYSON 1964; FOX 1939). Wie bereits im vorhergehenden Abschnitt über die Hypervitaminose D erwähnt, wird bei einer Kalzium-Überversorgung mit Vitamin-D_3-Überschuss Kalzium in Gefäßwände eingelagert. Es ergibt sich eine Arterienverkalkung (LINDT 1968).

Auch größere Kieselsteine finden sich im Verdauungstrakt von Schildkröten. Foto: C. Dennert

9.7 Kropfbildung

Der durch Jodmangel verursachte Kropf ist eine bei Schildkröten vergleichsweise selten auftretende Erkrankung. Er wird in bestimmten Gebieten durch Verfütterung jodarmer pflanzlicher (und tierischer) Einzelfuttermittel verursacht. Auch die Verfütterung mancher Pflanzen, insbesondere senfölglykosidhaltiger Kreuzblütler (z. B. Kohl), könnte die Ausbildung eines Kropfes einleiten (FRYE u. DUTRA 1974; IPPEN 1978; ZWART 1980, 1983).

9.8 Aufnahme von Sand, Erdreich oder Steinen und Kotverhalten durch Aufnahme von Sand oder Kies

Die Aufnahme von Erdreich, Sand oder Kies bzw. Steinen durch Schildkröten kommt in der Natur wie auch in Terrarienhaltung vor, wird aber von verschiedenen Autoren gegensätzlich ausgelegt. Die Bedeutung von Erdreich und/oder Sand bzw. Steinen im Verdauungstrakt von Schildkröten ist ungewiss. Ihre Unterstützung bei der mechanischen Zerkleinerung von Nahrung wäre denkbar (JOHNSON 1966; SACHSSE 1971; SKOCZYLAS 1978). Möglich wäre auch, dass sich die Aufnahme von Bodengrund günstig auf die Darmflora auswirkt (SOKOL 1971). Erfahrungsgemäß ist jedoch die Aufnahme von Erdreich, Sand oder Steinen häufig die Folge von mangelhaften Fütterungsverhältnissen bei Terrarienhaltung. Die Tiere nehmen beispielsweise unbeabsichtigt Bodengrund mit dem Futter auf (kein Napf oder verunreinigtes Futter).

Schon die genauere Betrachtung einer Kotprobe kann wertvolle Hinweise auf eine Erkrankungsursache geben. Foto: C. Dennert

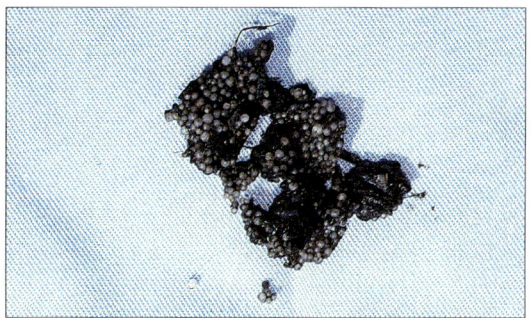

Weiterhin können ernährungsbedingte Erkrankungen, i. d. R. ein gestörter Knochenstoffwechsel, Ursache für die gezielte Aufnahme von Sand oder Steinen sein. Auch ein Parasitenbefall geht häufig einher mit gezieltem Sand- oder Erdefressen (BARTEN 1993, 1996; GRINER 1983; KEIL mdl. Mittlg.). Die Aufnahme geringer Mengen Erdreich führt zur Kotfestigung, übt aber keinen negativen Einfluss auf den Organismus aus. Bei anhaltender Aufnahme von Sand oder Kies kommt es zum Kotstau. Sand verbackt sich beispielsweise in größerer Menge zu einer soliden Masse, die eine Darmlähmung zur Folge haben kann (KEIL, mdl. Mittlg.; SOKOL 1971). Die unteren Abb. demonstrieren deutlich die Folgen einer übermäßigen Aufnahme von Bodengrund. Es handelt sich um zwei Röntgenaufnahmen von Landschildkröten mit Verstopfung. Die Griechische Landschildkröte (Abb. unten links) hatte gezielt eine enorme Menge ihres Bodengrundes im Terrarium aufgenommen. Hierbei handelte es sich um ein feinkörniges Granulat, das der Fachhandel als kalziumreiches und völlig unbedenklich einzustufendes Substrat für Terrarientiere anbietet. Diese Schildkröte litt unter einer massiven Knochenstoffwechselstörung infolge falscher Ernährung. Beim zweiten Patienten (Abb. unten rechts) handelte es sich um eine junge Sternschildkröte, die nach Aufnahme von viel Sand aufgrund ihrer Verstopfung verendete. Sie hatte den Bodengrund vermutlich versehentlich regelmäßig mit der Nahrung aufgenommen.

Während der eigenen Praxiserhebungen wurden innerhalb eines Zeitraumes von 21 Wochen insgesamt 93 Landschildkröten vorgestellt, mehrfach Patienten mit Kies- oder Sandkoprostase (also Kotstau infolge des aufgenommenen Bodengrundes). Bei drei von fünf auf Kies gehaltenen Tieren fand sich ein Kotstau durch aufgenommenen Kies. Zwei von neun Patienten, deren Terrarium Sand als Bodengrund vorwies, hatten eine Sandverstopfung. Obwohl kein direkter ursächlicher Zusammenhang für eine vermehrte Aufnahme von Kies oder Sand abgeleitet werden kann, erscheinen diese Substrate als Einstreu für Terrarien von Landschildkröten zumindest als risikoreich (siehe Tab. 17; DENNERT 1997; MCKEOWN 1997).

Tab. 17 – Häufigkeit von Kies- oder Sandverstopfung bei Landschildkröten aus Terrarien mit Kies oder Sand als Einstreu (Gesamtzahl Tiere/Anzahl Verstopfungen)

Vorgestellte Patienten	Anzahl	Einstreu		
		Kies	Sand	sonstige
Landschildkröten	93	5/3	9/2	79/-

(nach DENNERT 1997)

Schildkröten nehmen gelegentlich enorme Mengen des Bodengrundes im Terrarium auf.   Foto: C. Dennert

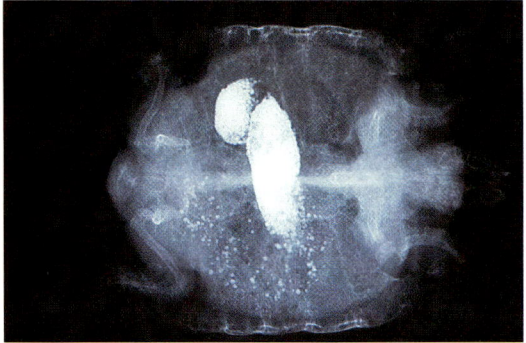

Eine Verstopfung durch Sand kann tödlich enden!
Foto: C. Dennert

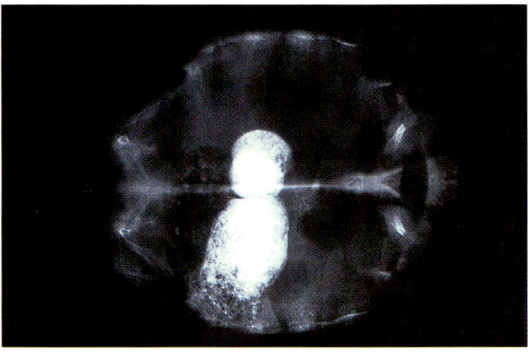

10 Futterunverträglichkeiten

10.1 Giftpflanzen

In der Natur ernähren sich die meisten pflanzenfressenden Arten gezielt von bestimmten Pflanzensorten. Es werden in unterschiedlicher Menge auch giftige Pflanzen oder Pflanzenteile aufgenommen (SCHALL u. RUSSEL 1991). Reptilien begegnen dem Risiko der Vergiftung, indem sie unterschiedliche Pflanzenarten fressen und somit der Schadstoffanteil verdünnt wird. Daneben existieren chemische oder mikrobielle Abbauwege für giftige Substanzen. Bei Schildkröten sind Intoxikationen durch Konsum von Giftpflanzen selten, oder sie werden nicht als solche erkannt. Man schätzt, dass über 40 % der Pflanzen sekundäre Inhaltsstoffe enthalten, die auf Tiere eine abschreckende oder Giftwirkung haben (FOWLER 1986). Entgegen der landläufigen Meinung, dass Tiere instinktiv die Aufnahme von Giftpflanzen meiden, haben diese eine vorrangige Bedeutung als Vergiftungsursache (HORNFELDT 1989). Bei der Bepflanzung von Freilandgehegen sollte sicherheitshalber auf bekanntermaßen giftige Stauden verzichtet werden. So wurde etwa von der Vergiftung eines gesamten Schildkrötenbestandes durch die Aufnahme von Eibennadeln berichtet (Abb. unten links; WIECHERT et al. 2001). FRYE u. DETRICK (1976) beschrieben eine chronisch verlaufende Vergiftung einer Kalifornischen Wüstenschildkröte, die etwa 40 Azaleenblüten (Abb. unten rechts) aufgenommen hatte. ROSSI (1995) veröffentlichte die Beobachtung einer akut verlaufenden Vergiftung beim Grünen Leguan, nachdem ein Jungtier eine Azaleenblüte gefressen hatte. Eine Landschildkröte war kurz vor ihrem spontanen Verenden mit Blüten der Sumpfdotterblume (*Ranunculus* sp.; Abb. S. 104) gefüttert worden. Die Untersuchung des toten Tieres zeigte Parallelen zu den Befunden bei einer Vergiftung von Säugetieren mit Sumpfdotterblumen (Hahnenfußgewächs; HOLT et al. 1979). Nach

Eiben sind giftig und eignen sich nicht zur Begrünung von Schildkrötengehegen.   Foto: C. Dennert

Azaleenblüten dürfen nicht von Reptilien gefressen werden.   Foto: C. Dennert

Testudo marginata im Freilandgehege. Giftige Stauden sollten nicht gepflanzt werden!　　Foto: T. u. S. Vinke

Links: Die Giftstoffe im Hahnenfuß verlieren ihre Wirkung durch Trocknen.　　Foto: C. Dennert

Ansicht der Autorin hat die Beobachtung von HOLT et al. (1979) besondere Relevanz, da die Blüten von *Ranunculus* spp. von Schildkröten im Gehege bevorzugt gefressen und von den Haltern häufig als besondere Leckerbissen angesehen werden. In Terrarienhaltung nehmen pflanzen- und allesfressende Reptilien Pflanzen oder Pflanzenteile nicht nur bei der Fütterung auf. Auch aus Langeweile, Neugierde oder Hunger wird die Begrünung des Terrariums angefressen (FOWLER 1986). In Tabelle X im Anhang wurden auszugsweise verschiedene Pflanzen aufgelistet, die insgesamt oder nur anteilig als giftig gelten. So sind etwa der Weihnachtsstern, *Monstera* und *Schefflera* als ganze Pflanze von Tieren fern zu halten. Bei Äpfeln und Birnen kann nur die Aufnahme zerquetschter Kerne Vergiftungen verursachen.

10.2 Unverträglichkeiten aufgrund sekundärer Pflanzeninhaltsstoffe

Alle wild wachsenden Kräuter weisen einen mehr oder weniger hohen Gehalt an so genannten sekundären Pflanzeninhaltsstoffen auf. Hierbei handelt es sich um Stoffe, die nicht den Nährwert der Pflanze beeinflussen, sondern ihre Verträglichkeit. Aufgrund des Heilwerts dieser sekundären Pflanzeninhaltsstoffe finden sich beinahe alle wild wachsenden Kräuter in der einen oder anderen Form in Büchern der Naturheilkunde wieder. Verschiedene Pflanzen, die in der Reptilienfütterung verwendet werden oder der Begrünung von Terrarien dienen bzw. in Freilandanlagen vorkommen, enthalten Bestandteile, die für Reptilien unverträglich sind. I. d. R. handelt es sich bei diesen unverträglichen Pflanzeninhaltsstoffen um Alkaloide, Terpenoide, cyanogene Glykoside oder kondensierte und hydrolysierbare Tannine (SWAIN 1976). Dabei sollte generell davon ausgegangen werden, dass die für Säugetiere unverträglichen oder toxischen Substanzen auch bei Reptilien gleichartige Auswirkungen zeigen (FREELAND u. JANZEN 1974), teils jedoch in unterschiedlicher Ausprägung. Pflanzenfressende Reptilien setzen sich auf unterschiedliche Art und Weise mit sekundären Pflanzeninhaltsstoffen auseinander. Sie entwickeln Toleranzen oder wählen eine Art der Ernährung, welche die aufgenommene Menge der Substanzen auf ein Minimum beschränkt bzw. vermeidet. So wurde beispielsweise beobachtet, dass Reptilien verschiedene Giftpflanzen in größerer Menge ohne Erkrankungsfolge konsumieren können als Säugetiere und umgekehrt (nach KING 1996). SWAIN (1976) folgerte, dass Reptilien wie Säugetiere von Pflanzen abgestoßen werden, deren Konzentration an Tanninen einen bestimmten Wert übersteigt (Repellenswirkung). Reptilien sollen jedoch eine wesentlich höhere Toleranz für Alkaloide besitzen. TROYER (1984a) berichtete, dass beim Grünen Leguan in dessen natürlichem Lebensraum zwei Pflanzenarten nur von Tieren ab einem Alter von etwa einem Jahr aufgenommen wurden, obwohl diese Pflanzen auch im Einzugsgebiet der Schlüpflinge wuchsen. Hierzu gehörte *Sarcostemma clausum* (Asclepiadaceae), ein Seidenpflanzengewächs mit latexähnlichem Saft. Vermutlich sind Herzglykoside enthalten. Weiterhin wurde von älteren Tieren ein Aronstabgewächs (*Montrichardia arborescens*) aufgenommen, eine Flachwasserpflanze mit hohem Gehalt an Rohprotein (30 %), die hochkonzentriert Oxalate enthält.

Oxalsäure ist häufig auch in einheimischen Pflanzen in hoher Konzentration enthalten: in Sauerkleegewächsen und Ampferarten (Rhabarber, Sauerampfer und Spinat), im Aronstab (*Arum maculatum*) sowie der südamerikanischen *Dieffenbachia* (FRYE 1996; KÖHLER 1992; SEEGER 1992). Oxalsäure verbindet sich mit den Kalziumionen des Blutes und verursacht eine

Sauerampfer enthält Oxalsäure.　　　Foto: C. Dennert

Senkung des Blutkalziumspiegels. Es kommt zur Verlängerung der Blutgerinnungszeit. Bei massiver Kalziumoxalatbildung kristallisiert dieses in den Nieren aus und schädigt das Nierenparenchym (KÖHLER 1992). Das Kauen eines Blattes *Dieffenbachia* führt beim Menschen zu starken Schwellungen in Mund und Rachen, auf der entzündeten Schleimhaut bilden sich Blasen und später Nekrosen. Werden Pflanzenteile verschluckt, so treten nekrotisierende Entzündungen auch in Speiseröhre und Magen auf. Nach Aufnahme in den Organismus kommt es zu Muskelzuckungen, Krämpfen und verringerter Herzfrequenz. Am Auge verursachen Saftspritzer eine Entzündung von Bindehaut und Hornhaut. Die Therapie einer akuten Oxalatvergiftung besteht in der Eingabe von Milch als Erstmaßnahme, danach sollte eine Magenspülung erfolgen (SEEGER 1992).

Nitrat ist zu 0,5–3 % in der Trockenmasse von Beinwell und Spinat enthalten. Nach Aufnahme und Umwandlung zu Nitrit im Organismus verändert dieses den Sauerstoffträger (das Hämoglobin) im Blut. Das Tier kann unter Krämpfen wegen Sauerstoffmangels verenden (KÖHLER 1992).

In Leguminosen, Rübenblättern (MEYER et al. 1993), Beinwell und Spinat finden sich **Saponine**. Diese Verbindungen kommen in Pflanzen außerordentlich häufig vor (bitterer Geschmack bei hohem Gehalt). Infolge ihrer Oberflächenaktivität wirken sie membranschädigend und erzeugen eine Auflösung der roten Blutkörperchen. Bei oraler Aufnahme ist ihre Toxizität jedoch eher gering, da sie schlecht aus dem Darm absorbiert werden. Als Therapie genügen i. d. R. diätetische Maßnahmen, gegebenenfalls unterstützt durch die Gabe von Aktivkohle (KÖHLER 1992; SEEGER 1992). Verschiedene Hülsenfrüchte, etwa Erbsen, Bohnen, Luzerne und Kleearten, setzen durch ihren Gehalt an bestimmten sekundären Pflanzeninhaltsstoffen (vermutlich Saponine) die Vitamin-E-Aktivität in der Ration herab. Sie enthalten so genannte Antivitamine und erhöhen so den Bedarf der Tiere (MENKE u. HUSS 1987).

Aus der Aufnahme **senfölglykosid**haltiger Pflanzen (Kruziferen wie beispielsweise Kohl oder verschiedene Kräuter) kann eine Unterfunktion der Schilddrüse resultieren (siehe Abschnitt über ernährungsbedingte Erkrankungen; KÖHLER 1992; MEYER et al. 1993; WALLACH u. HOFF 1982).

Das im Buchweizen (*Fagopyrum*) enthaltene **Fagopyrin** verursacht eine so genannte Photodermatitis solaris. Werden beispielsweise Grüne Leguane nach Aufnahme von Buchweizen dem Sonnenlicht ausgesetzt, so entwickelt sich eine Bindehautentzündung mit starker Schwellung der Augenlider. Binnen zwei Tagen verschwindet die photosensibilisierende Wirkung des Fagopyrins ohne Therapie (KÖHLER 1992). Nach dem Verzehr überreifer, faulender und **gärender Früchte** kann bei Landschildkröten eine milde Form von (Alkohol-)Vergiftung beobachtet werden. Bewusstsein und Gleichgewichtssinn der Tiere sind über mehrere Stunden je nach aufgenommener Menge in unterschiedlichem Maße gestört (FRYE 1996).

Beinwell darf nur in geringer Menge verfüttert werden   Foto: C. Dennert

11 Fachwortverzeichnis

adult
ausgewachsen, erwachsen; bei Reptilien: geschlechtsreif

Chorda-Tiere
selbstständiger Stamm der Tiere mit sehr hoher Entwicklung

Darmsymbionten
im Darm angesiedelte „nützliche" Bakterien, Pilze und Einzeller

Enzym
Eiweißstoff mit Beteiligung an chemischer Reaktion; beschleunigt den Vorgang und wird dabei selbst nicht verändert

Fermentation
chemische Umwandlung von Stoffen durch Bakterien und Enzyme, beispielsweise Abbau pflanzlicher Fasern in Blind- und Dickdarm

herbivor
blatt-, kräuterfressend

Intoxikation
Vergiftung

juvenil
jugendlich, jung

Motilität, Magen-/Darm-
Bewegungsaktivität von Magen oder Darm

Nephron
Nierenkörperchen mit anschließenden Harnkanälchen

omnivor
allesfressend

Osteodystrophia fibrosa
generalisierte Knochenstoffwechselstörung; Knochenumbau ist gestört; Knochenauftreibung

Osteomalazie
Knochenerweichung, Knochenweiche

Osteosklerose
Knochenverdichtung

Rachitis
Jungtiererkrankung, ausbleibende Mineralisierung des Knorpelmodells des späteren Knochenskeletts

Thermoregulation
Temperatur-/Wärmeregulation; Regelvorgang im Organismus zur Konstanthaltung der Körperkerntemperatur; besteht bei Reptilien in der Veränderung des thermoregulatorischen Verhaltens

Trockensubstanz (TS)
enthält alle bei 103 °C nicht flüchtigen Nahrungsanteile (nach dem Verfahren der so genannten Weender Analyse zur Nährstoffbestimmung in Futtermitteln)

Urate
Harnsäuresalze

12 Tabellenanhang

Tab. I – Zoologische Klassifizierung der Landschildkröten

Ordnung: **Testudines,** Schildkröten
Unterordnung: **Casichelydia,** Echte Schildkröten

Obergattung: **Cryptodira,** Halsberger
Untergattung: **Eucryptodira,** Moderne Halsberger

Überfamilie: **Testudinoidea,** Landschildkrötenverwandte
Familie: **Testudinidae,** Landschildkröten

Gattungen	Arten Unterarten
Chersina	*C. angulata*, Südafrikanische Schnabelbrustschildkröte
Dipsochelys	*D. arnoldi*, Arnolds Riesenschildkröte
	D. dussumieri, Aldabra-Riesenschildkröte
	D. hololissa, Seychellen-Riesenschildkröte
Geochelone	*G. carbonaria*, Köhlerschildkröte
	G. chilensis, Argentinische Landschildkröte
	G. denticulata, Waldschildkröte
	G. elegans, Sternschildkröte
	G. nigra ssp., Galápagos-Riesenschildkröte
	G. pardalis ssp., Pantherschildkröte
	G. platynota, Burma-Landschildkröte
	G. radiata, Strahlenschildkröte
	G. sulcata, Spornschildkröte
	G. yniphora, Madagassische Schnabelbrustschildkröte
Gopherus Gopherschildkröten	*G. agassizii*, Kalifornische Wüstenschildkröte
	G. berlandieri, Texas-Gopherschildkröte
	G. flavomarginatus, Mexikanische Gopherschildkröte
	G. polyphemus, Georgia-Gopherschildkröte

Gattungen	Arten Unterarten
Homopus Flachrückenschildkröten	*H. areolatus*, Areolen-Flach-/Schnabel-Kapschildkröte
	H. bergeri, Namaqualand-Flachschildkröte
	H. boulengeri, Boulengers Flachschildkröte
	H. femoralis, Sporen-Flachschildkröte
	H. signatus ssp., Gesägte Flachschildkröte
Indotestudo Indische Landschildkröten	*I. elongata*, Gelbkopf-Landschildkröte
	I. forsteni, Travancore-/Celebes-Landschildkröte
Kinixys Gelenkschildkröten	*K. belliana belliana*, Glattrand-Gelenkschildkröte
	K. belliana nogueyi, Bells Gelenkschildkröte
	K. erosa, Stachelrand-Gelenkschildkröte
	K. homeana, Stutz-Gelenkschildkröte
	K. lobatsiana
	K. natalensis, Natal-Gelenkschildkröte
	K. spekii
Malocochersus	*M. tornieri*, Spaltenschildkröte
Manouria	*M. emys* ssp., Braune Landschildkröte/Erdschildkröte
	M. impressa, Gedrungene Landschildkröte
Psammobates	*P. geometricus*, Geometrische Landschildkröte
	P. oculiferus, Stachelrand-Landschildkröte
	P. tentorius ssp., Höcker-Landschildkröte
Pyxis	*P. arachnoides* ssp., Spinnenschildkröte
	P. planicauda, Madagassische Flachrückenschildkröte
Testudo	*T.-graeca*-Gruppe (in Überarbeitung!), Maurische Landschildkröten
	T. horsfieldii, Vierzehen-Landschildkröte/Steppenschildkröte
	T. hermanni boettgeri, Östliche Griechische Landschildkröte
	T. hermanni hermanni, Westliche Griechische Landschildkröte
	T. kleinmanni, Ägyptische Landschildkröte
	T. marginata, Breitrandschildkröte
	T. weissingeri, Weissingers Breitrandschildkröte

(OBST 1988; PIEH 2000; UETZ 2001)

Tab. II – Zusammensetzung einer Auswahl von Grünfuttermitteln und Gemüsesorten mit Bedeutung als Grund- oder Beifutter für die Ernährung von Landschildkröten

Sorten	TS	Wasser	Eiweiß (TS / Frisch)		Fett (TS / Frisch)		Rohfaser (TS / Frisch)		Kalzium (TS / Frisch)		Phosphor (TS / Frisch)		Ca/P	Quelle
Salate, Blattgemüse und Küchenkräuter:														
Batavia	5,9	94,1	25,4	1,5	6,4	0,4	9,7	0,6	0,75	0,04	0,79	0,05	0,9	eig. Untersuchungen
Chicorée	5,6	94,4	23,2	1,3	3,2	0,2	22,5	1,3	0,46	0,03	0,46	0,03	1,0	SOUCI et al. 1994
Chinakohl	4,6	95,4	25,9	1,2	6,5	0,3	41,3	1,9	0,87	0,04	0,65	0,03	1,3	SOUCI et al. 1994
Eisbergsalat	4,5	95,5	26,7	1,2	2,2	0,1	11,1	0,5	0,44	0,02	0,49	0,02	0,9	ENSMINGER et al. 1994
Endivien	5,7	94,3	30,7	1,8	3,5	0,2	21,4	1,2	0,95	0,05	0,95	0,05	1,0	SOUCI et al. 1994
Feldsalat	6,6	93,4	27,9	1,8	5,5	0,4	23,0	1,5	0,53	0,04	0,74	0,05	0,7	SOUCI et al. 1994
Kopfsalat	5,0	95,0	25,0	1,3	4,4	0,2	28,8	1,4	0,49	0,02	0,45	0,02	1,1	SOUCI et al. 1994
Kresse, Brunnen-	6,5	93,5	24,6	1,6	4,6	0,3	22,6	1,5	2,77	0,18	0,98	0,06	2,8	SOUCI et al. 1994
Kresse, Garten-	12,8	87,2	32,8	4,2	5,5	0,7	27,5	3,5	1,67	0,21	0,30	0,04	5,6	SOUCI et al. 1994
Lattuga	6,8	93,2	26,3	1,8	nb	nb	12,5	0,9	0,94	0,06	0,15	0,01	6,3	eig. Untersuchungen
Petersilie	18,1	81,9	24,5	4,4	2,0	0,4	23,5	4,3	1,35	0,25	0,71	0,13	1,9	SOUCI et al. 1994
Portulak	7,5	92,5	19,7	1,5	4,5	0,3	nb	nb	1,27	0,10	0,47	0,04	2,7	SOUCI et al. 1994
Wild wachsendes Grün, Futterpflanzen:														
Beinwell	12,0	88,0	23,3	2,8	3,3	0,4	14,2	1,7	nb	nb	nb	nb	----	BECKER u. NEHRING 1969
Breitwegerich	oA	oA	nb	nb	nb	nb	nb	nb	oA	0,20	oA	0,03	6,1	WOLF u. KAMPHUES 1994
Brennnessel	23,0	77,0	24,8	5,7	3,0	0,7	16,5	3,8	nb	nb	nb	nb	----	PUSCHMANN et al. 1982
Klee, Rot-	20,0	80,0	18,5	3,7	nb	nb	22,0	4,4	1,40	0,28	0,30	0,06	4,7	MEYER et al. 1989
Löwenzahnblätter	14,3	85,7	17,8	2,6	4,3	0,6	nb	nb	1,10	0,16	0,49	0,07	2,3	SOUCI et al. 1994
Luzerne, frisch in der Knospe	19,0	81,0	22,6	4,3	3,2	0,6	24,2	4,6	1,89	0,36	0,32	0,06	6,0	MEYER et al. 1989
Luzernegrünmehl	90,2	9,8	20,0	18,0	2,9	2,6	25,5	23,0	2,00	1,80	0,31	0,28	6,4	MEYER et al. 1989
Luzernegrünmehl	94,0	6,0	17,0	16,0	2,7	2,5	20,2	19,0	1,91	1,80	0,31	0,29	6,2	MEYER u. HECKÖTTER 1986
Malve, Kraus-blättrige Futter-	15,4	84,6	20,1	3,1	3,2	0,5	24,7	3,8	2,11	0,33	0,41	0,06	5,2	BECKER u. NEHRING 1969
Weidegras, jung	16,0	84,0	23,1	3,7	4,4	0,7	19,4	3,1	0,63	0,10	0,38	0,06	1,7	MEYER et al. 1989
Wiesenheu, 1. Schnitt Beginn/ Mitte der Blüte	86,0	14,0	13,7	11,8	2,7	2,3	31,0	26,7	0,74	0,64	0,27	0,23	2,8	MEYER et al. 1989

100 g Trockensubstanz (TS) enthalten (Angaben in Prozent): / 100 g Frischfutter enthalten (Angaben in Prozent):

Sorten	TS	Wasser	100 g Trockensubstanz (TS) enthalten (Angaben in Prozent):									Quelle
			100 g Frischfutter enthalten (Angaben in Prozent):									
			Eiweiß		Fett		Rohfaser		Kalzium		Phosphor		Ca/P	
Wild wachsendes Grün, Futterpflanzen:													
Wiesenheu, 1. Schnitt Ende der Blüte	86,0	14,0	12,4	10,7	2,2	1,9	35,1	30,2	0,63	0,54	0,26	0,22	2,5	MEYER et al. 1989
Grasmehl	99,2	0,8	19,8	19,6	nb	nb	19,6	19,4	0,50	0,50	0,45	0,45	1,1	MEYER et al. 1989
Stroh aus Weizen	86,0	14,0	nb	nb	nb	nb	45,0	38,7	0,31	0,27	0,07	0,06	4,5	MEYER et al. 1989
Stroh aus Gerste	86,0	14,0	nb	4,3	1,7	1,5	43,8	37,7	0,29	0,25	0,10	0,09	2,8	MEYER et al. 1989
Stroh aus Hafer	86,0	14,0	nb	4,3	1,9	1,6	44,7	38,4	0,41	0,35	0,14	0,12	2,9	MEYER et al. 1989
Vogelmiere	9,2	90,8	18,5	1,7	2,2	0,2	12,0	1,1	0,64	0,06	0,39	0,04	1,7	KLING 1918, WOLF u. KAMPHUES 1994
Zottelwicken	18,0	82,0	23,9	4,3	3,3	0,6	28,9	5,2	1,19	0,22	0,36	0,07	3,3	BECKER u. NEHRING 1969
Wurzel- und Knollengemüse:													
Kohlrabi	8,4	91,6	23,1	1,9	1,2	0,1	17,1	1,4	0,81	0,07	0,59	0,05	1,4	
Möhre	11,8	88,2	8,3	1,0	1,7	0,2	30,8	3,6	0,35	0,04	0,30	0,04	1,2	
Pastinake	19,8	80,2	6,6	1,3	2,2	0,4	nb	nb	0,26	0,05	0,37	0,07	0,7	
Rote Rübe (Rote Beete)	13,8	86,2	11,1	1,5	0,7	0,1	18,4	2,5	0,21	0,03	0,33	0,05	0,6	
Stängel- und Blütengemüse:													
Blumenkohl	8,4	91,6	29,3	2,5	3,3	0,3	34,8	2,9	0,24	0,02	0,64	0,05	0,4	
Broccoli	10,3	89,7	32,0	3,3	1,9	0,2	29,1	3,0	1,02	0,11	0,80	0,08	1,3	
Fenchel	14,0	86,0	17,4	2,4	2,1	0,3	29,9	4,2	0,78	0,11	0,36	0,05	2,1	
Gemüsefrüchte:													
Aubergine (Eierfrucht)	7,4	92,6	16,8	1,2	2,4	0,2	38,1	2,8	0,18	0,01	0,16	0,01	1,1	
Bohnen, Schnitt-, grün	9,7	90,3	24,6	2,4	2,5	0,2	19,5	1,9	0,59	0,06	0,39	0,04	1,5	
Gurke	3,2	96,8	18,8	0,6	6,2	0,2	16,9	0,5	0,47	0,02	0,72	0,02	0,7	
Kürbis	8,7	91,3	12,6	1,1	1,5	0,1	24,8	2,2	0,25	0,02	0,51	0,04	0,5	
Paprikaschote	9,0	91,0	13,0	1,2	3,7	0,3	39,9	3,6	0,12	0,01	0,32	0,03	0,4	
Tomate	5,8	94,2	16,4	1,0	3,6	0,2	16,4	1,0	0,15	0,01	0,31	0,02	0,5	
Zucchini	7,8	92,2	20,5	1,6	5,1	0,4	13,8	1,1	0,38	0,03	0,29	0,02	1,3	(SOUCI et al. 1994)

Tab. III – Zusammensetzung verschiedener Obstsorten und einer Auswahl exotischer Früchte mit Bedeutung als Beifutter für Landschildkröten

Sorten	TS	Wasser	100 g Trockensubstanz (TS) enthalten (Angaben in Prozent):										
			100 g Frischfutter enthalten (Angaben in Prozent):										
			Eiweiß		Fett		Rohfaser		Kalzium		Phosphor		Ca/P
Kernobst:													
Apfel	14,7	85,3	2,3	0,3	3,9	0,6	13,7	2,0	0,05	0,01	0,08	0,01	0,6
Birne	15,7	84,3	3,0	0,5	1,8	0,3	20,8	3,3	0,06	0,01	0,10	0,02	0,7
Quitte	16,9	83,1	2,5	0,4	3,0	0,5	35,0	5,9	0,06	0,01	nb	nb	---
Steinobst:													
Aprikose	14,7	85,3	6,1	0,9	0,9	0,1	10,5	1,5	0,11	0,02	0,14	0,02	0,8
Kirsche, süß	17,2	82,8	5,2	0,9	1,8	0,3	7,6	1,3	0,10	0,02	0,12	0,02	0,9
Mirabelle	17,6	82,4	4,1	0,7	1,1	0,2	nb	nb	0,07	0,01	0,19	0,03	0,4
Pfirsich	12,5	87,5	6,1	0,8	0,9	0,1	15,4	1,9	0,06	0,01	0,18	0,02	0,3
Pflaume	16,3	83,7	3,7	0,6	1,0	0,2	9,7	1,6	0,09	0,01	0,11	0,02	0,8
„Beeren":													
Brombeere	15,3	84,7	7,8	1,2	6,5	1,0	20,7	3,2	0,29	0,04	0,20	0,03	1,5
Erdbeere	10,5	89,5	7,8	0,8	3,8	0,4	15,5	1,6	0,25	0,03	0,28	0,03	0,9
Heidelbeere, Blaubeere	15,4	84,6	3,9	0,6	3,9	0,6	31,8	4,9	0,06	0,01	0,08	0,01	0,8
Himbeere	15,5	84,5	8,4	1,3	1,9	0,3	30,2	4,7	0,26	0,04	0,28	0,04	0,9
Johannisbeere, rot	15,3	84,7	7,4	1,1	1,3	0,2	22,9	3,5	0,19	0,03	0,18	0,03	1,1
Stachelbeere	12,7	87,3	6,3	0,8	1,2	0,2	23,2	3,0	0,23	0,03	0,24	0,03	1,0
Weinbeere, -traube	18,9	81,1	3,6	0,7	1,5	0,3	7,9	1,5	0,10	0,02	0,11	0,02	0,9
exotische Früchte:													
Ananas	14,7	85,3	3,1	0,5	1,0	0,2	6,7	1,0	0,11	0,02	0,06	0,01	1,8
Banane	26,1	73,9	4,4	1,2	0,7	0,2	7,0	1,8	0,33	0,09	0,11	0,03	3,1
Cashew-Apfel	14,4	85,6	6,9	1,0	4,9	0,7	nb	nb	0,08	0,01	0,19	0,03	0,4
Cherimoya	25,9	74,1	5,8	1,5	1,2	0,3	nb	nb	0,05	0,01	0,12	0,03	0,4
Feige	19,8	80,2	6,6	1,3	2,5	0,5	10,2	2,0	0,27	0,05	0,16	0,03	1,7
Granatapfel	20,9	79,1	3,3	0,7	2,9	0,6	10,5	2,2	0,04	0,01	0,08	0,02	0,5
Guave	16,5	83,5	5,5	0,9	3,0	0,5	31,5	5,2	0,10	0,02	0,19	0,03	0,5
Kaki	20,4	79,6	3,1	0,6	1,5	0,3	12,4	2,5	0,04	0,01	0,12	0,03	0,3
Kaktusfeige	13,6	86,4	7,4	1,0	2,9	0,4	36,8	5,0	0,21	0,03	0,20	0,03	1,0
Kiwi	16,2	83,8	6,2	1,0	3,9	0,6	13,1	2,1	0,23	0,04	0,19	0,03	1,2
Kumquat	16,1	83,9	4,0	0,7	1,9	0,3	nb	nb	0,10	0,02	0,27	0,04	0,4
Mango	18,0	82,0	3,3	0,6	2,5	0,5	9,4	1,7	0,07	0,01	0,07	0,01	0,9
Mangostane	18,7	81,3	3,2	0,6	3,2	0,6	7,5	1,4	0,08	0,02	0,06	0,01	1,4
Orange (Apfelsine)	14,3	85,7	7,0	1,0	1,4	0,2	11,2	1,6	0,29	0,04	0,16	0,02	1,8
Papaya (Baummelone)	12,1	87,9	4,3	0,5	0,7	0,1	15,7	1,9	0,17	0,02	0,14	0,02	1,3
Passionsfrucht (Granadilla)	24,2	75,8	9,9	2,4	1,7	0,4	6,0	1,5	0,07	0,02	0,24	0,06	0,3
Tamarillo (Baumtomate)	14,0	86,0	12,1	1,7	5,7	0,8	nb	nb	0,09	0,01	0,23	0,03	0,4
Wassermelone	9,7	90,3	6,2	0,6	2,1	0,2	2,3	0,2	0,11	0,01	0,11	0,01	1,0
Zuckermelone	14,6	85,4	6,2	0,9	0,7	0,1	5,0	0,7	0,04	0,01	0,14	0,02	0,3

(SOUCI et al. 1994)

◆ Obst:	
Araceae:	*Philodendron* sp.[1]
Anacardiaceae:	*Spondia lutea*[1, 2]
Annonaceae:	*Annona* sp., *Duguetia surinamensis*[1]
Bromeliaceae[1]	
Burseraceae:	*Trattinickia ravifolia*[1]
Chrysobalanaceae:	*Licania kunthiana*[1]
	Genipa americana[2]
Lecythidaceae[1]	
Melastomataceae:	*Myriaspora egenensis*[1]
Moraceae:	*Bagassa guianensis, Brosimum potabile, Ficus* sp.[1]
Passifloraceae:	*Passiflora coccinea, P. vespertilio*[1]
Palmae:	*Mauritia flexuosa*[1]
Rubiaceae:	*Duroia eriopila, Genipa americana, Guettarda argentea*[1]
Sapotaceae:	*Pradosia* sp., *Richardella* sp., *Pouteria hirta, Ecclinusa bacuri*[1]
Theophrastaceae:	*Clavija* sp.[1]
⊛ Blüten:	
Bignoniaceae:	*Jacaranda copaia*[1]
Cochlospermaceae:	*Cochlospermum orinocense*[1]
Palmae:	*Mauritia flexuosa*[1]
▪ Weitere pflanzliche Einzelfuttermittel:	
Pilze	
Weinblätter	
Wurzeln[1]	
❖ Futtermittel tierischer Herkunft:	
Aas	(z. B. Echsen und Schlangen, Vögel, Agouti, Peccari, Hirsch)[1,3]
Schnecken[1]	
Invertebraten	(z. B. Ameisen und Termiten, Käfer, Schmetterlinge)[1,4]
Fisch[4]	

[1] NW-Brasilien (Roraima, Maracá): MOSKOVITS u. BJORNDAL (1990)
[2] FREIBERG (1971); [3] MEDEM (1962); [4] FRETEY (1977)

Tab. IV (links) – **Futtermittel von Wald- und Köhlerschildkröte im natürlichen Habitat**
Einzelfuttermittel pflanzlicher und tierischer Herkunft in alphabetischer Reihenfolge

Tab. V – Kalzium- und Phosphorgehalte sowie Ca/P-Verhältnis pflanzlicher Einzelfuttermittel einer Inselpopulation von Wald- und Köhlerschildkröten in NW-Brasilien (Roraima, Maracá)
(Angaben bezogen auf die Trockensubstanz)

Sorten Wissenschaftliche Bezeichnung	Ca [mg]	P [mg]	Ca/P
◆ Früchte:			
Bagassa guianensis	0,34	0,12	2,8
Duguetia surinamensis	0,14	0,12	1,2
Ecclinusa guyanensis	0,32	0,01	32,0
Genipa americana	0,21	0,16	1,3
Geophila gracilis	0,47	0,11	4,3
Guettarda argentea	0,60	0,10	6,0
Ficus sp.	0,77	0,10	7,7
Mauritia flexuosa	0,20	0,02	10,0
M. flexuosa (Samenhülle)	0,33	0,02	16,5
Myriaspora egenensis	0,33	0,11	3,0
Passiflora sp.	0,20	0,28	0,7
Philodendron sp.	0,35	0,14	2,5
Spondias lutea	0,32	0,20	1,6
⊛ Blüten:			
Passiflora	0,21	0,35	0,6
Jacaranda copaia	0,13	0,24	0,5
Cochlospermum orinocense	0,22	0,25	0,9
❖ Pilze:	0,26	0,51	0,5

(MOSKOVITS u. BJORNDAL 1990)

Tab. VI – Nahrungspräferenzen verschiedener Landschildkrötenarten im Habitat und in menschlicher Obhut

Art	Pflanzliche Nahrung							Tierische Nahrung				Quelle
	Gras, Wildkräuter, Blätter	Heu	Gemüse	Obst, Baumfrüchte	Blumen, Blüten	Pilze	Sukkulenten, Kakteen	Aas	Schnecken	Insekten, Wirbellose	Dung, Kot	
Chersina angulata	●		●	●	●							2
Geochelone carbonaria	●		●	○	●			○		○		2,31
Geochelone chilensis	●		●	○	●		●	○		○		1,2,5,32
Geochelone denticulata	●		●	○	●	●		○		○		1,2,5,32
Geochelone elegans	●		○	○	○		●	○		○		1,2,19
Geochelone nigra	●		●	●	●			○		○		1,15,20
Dipsochelys dussumieri	●		●	●	●			○		○		1,15
Geochelone pardalis	●		●	●	●		●	○		○		1,5
Geochelone radiata	●		○	○	○		○	○		○	○	10,14,21
Geochelone sulcata	●		●	●	○		●	○		○		1,2,5,9
Gopherus agassizii	●		●	●	●		●	○		○		1,6,12,13
Gopherus flavomarginatus	●	●	●	●	●			○		○		1,5
Gopherus polyphemus			●	●	●		●					1
Homopus areolatus	●		●	○	○					●		2,7
Homopus signatus	●		○	●	○							24,27,28,29,30
Indotestudo elongata	●		●	●	○	○		○	●	●		2,10,25
Indotestudo e. forsteni			●	●	●	●		○				2
Indotestudo e. travancorica			●	●	●			●		●		2
Kinixys sp.			●	●	●			○				1,5

								Quelle
Kinixys belliana	●	●	●		●		●	10
Malachochersus tornieri	●	○	●	●	●	○	○	1,3,18,26
Manouria emys	●	●	●					17
Manouria impressa	kaum überlebensfähig in menschlicher Obhut!							22
Psammobates oculifera	●	●	●		●			2
Psammobates t. tentoria	●	●	●		●			2
Pyxis arachnoides	○	●	●	○	○	○	○	2,14
Testudo horsfieldii	●	●	●		●			2
Testudo graeca	●	●	●		●	○	○	1,2
Testudo hermanni	●	●	●	○	●	○	●	1
Testudo kleinmanni	●	○	●	○	●		○	4,8,23

● = Hauptnahrung; ○ = Beifutter

[1] FRYE (1991b); [2] BASILE (1989); [3] RIENER (1999); [4] GAD (2000); [5] MAUTINO u. PAGE (1993); [6] CAPORASCO (1989); [7] BROSCHELL (2000); [8] DEVAUX (1997); [9] ARESTÉ (2000); [10] DONOGHUE u. MCKEOWN (1998); [12] LOWE (1996); [13] CTTC (2001); [14] MÄHN (1998); [15] HONEGGER (1998); [16] MORRIS (1994); [17] MCKEOWN et al. (1991); [18] CONNOR (1992); [19] PALMER (2000); [20] SCHRAMM (1998); [21] BEHLER u. IADEROSA (1990); [22] ESPENSHADE u. BUSKIRK (1994); [23] CONNOR (1993); [24] PALMER (1994); [25] MCCORMICK (1992); [26] PAULER (1990); [27] LOEHR u. HARRIS-SMITH (2001); [28,29,30] LOEHR (2001a,b,c); [31] VINKE u. VINKE (2000); [32] VINKE (mdl. Mittlg.)

115

Tab. VII – Als Allein- oder Beifutter für Landschildkröten (LSK) deklarierte handelsübliche

Handelsname	Hersteller	Stand	Konfektionierung	Deklaration	weitere Bemerkungen des Herstellers
Agil	J	Mai 01	Extrudate	für SK	
Agivert	J	Mai 01	Extrudate	für LSK	auch für andere pflanzenfressende Reptilien
Box Turtle & Tortoise Food	Z	Mai 01	Pellets	für alle Dosen- u. LSK	ausgewogenes, weiches Feuchtfutter
Calcil	J	Mai 01	Extrudate	für SK	mit Multivitaminkomplex, mit Mineralien
Dorswal-Baby-Fruchtfutter	R	Jan 97	Pellets	für exotische LSK-Babys	
Dorswal-Fruchtfutter	R	Jan 97	Pellets	für exotische LSK	
Dorswal-Baby-Landschildkrötenfutter	R	Jan 97	Pellets	für LSK-Babys	
Flumon Schildkrötenfutter	R	Jan 97	Pellets	für LSK	
Herbivore Food	N	Jan 97	Pellets	für Pflanzenfresser	Vollnahrung für *Uromastyx*, *Pogona*, Chuckwallas, Leguane und andere Reptilien, die von Grünfutter leben

EL= Esslöffel, LSK= Landschildkröte/n, o.= oder, oA= ohne Angabe (des Herstellers), SK= Schildkröte/n,

Mischfuttermittel. Sortierung nach Handelsnamen in alphabetischer Reihenfolge

Fütterungsvorschlag des Herstellers für LSK	Alleinfutter	Beifutter	Inhalt lt. Hersteller	Zusammensetzung lt. Hersteller, Angaben in Prozent					
				Wasser	Eiweiß	Fett	Rohfaser	Ca	P
für LSK nur als gelegentlicher Leckerbissen, eingeweicht zur pflanzlichen Hauptkost	für WSK	für LSK	oA	oA	40,0	7,0	0,5	oA	oA
oA	für LSK	nein	Gemüse, Getreide, Mineralien	oA	16,0	3,0	6,0	oA	oA
3–4 EL je DosenSK, 1 EL je 2,5 cm LSK	oA	oA	Luzerne, Fischmehl, Weizenkeime, ganzer Weizen, Sojamehl u.a.	10,0	18,4	5,2	8,0	oA	oA
für LSK nur als gelegentlicher Leckerbissen, eingeweicht zur pflanzlichen Hauptkost, Jungtiere 3–4× wöchentlich	für WSK	für LSK	Fischeiweiß	oA	40,0	6,5	2,5	2,7	1,5
kann als Hauptfutter täglich angeboten werden, vorher anfeuchten	Hauptfutter für exotische LSK-Babys	nein	tropische Früchte, Getreide, Mineralstoffe u. Spurenelemente	keine Angaben zur Zusammensetzung					
kann als Hauptfutter täglich angeboten werden, vorher anfeuchten	Hauptfutter für exotische LSK	nein	tropische Früchte, Getreide, Mineralstoffe u. Spurenelemente	keine Angaben zur Zusammensetzung					
nach Größe 1–2× täglich, immer frisch, trocken o. angefeuchtet, dazu Tomate/Salat/Banane	oA	nein	oA	4,2	26,9	3,7	1,5	oA	oA
nach Größe 1–2× täglich, immer frisch, trocken o. angefeuchtet, dazu Tomate/Salat/Banane	Hauptfutter	nein	entspricht genau der in der Natur angebotenen Nahrung	4,2	26,9	3,7	1,5	oA	oA
täglich nach Bedarf füttern, alleine oder mit Frischgemüse und Obst vermischt	für pflanzen-fressende Reptilien	oA	Luzerne, Senfkörner, Kohl, Spirulina u.a.	14,0	13,0	4,0	15,0	oA	oA

WSK= Wasserschildkröte/n

(Herstellerverzeichnis siehe Tab. IX)

Tab. VII – Als Allein- oder Beifutter für Landschildkröten (LSK) deklarierte handelsübliche

Handelsname	Hersteller	Stand	Konfektionierung	Deklaration	weitere Bemerkungen des Herstellers
Kaytee Land Turtle and Tortoise	K	Jan 97	Extrudate	für SK	fortified daily Diet
Land Tortoise & Omnivorous Lizard Food	Z	Jan 97	Feuchtfutter (Konserve)	für LSK u. allesfressende Echsen	keine
Mampfi	J	Mai 01	Pellets	für LSK	als Abwechslung frisches Obst, Tomaten etc.
Multifit Schildkrötenfutter	M	Mai 01	Lyophilisate (Wirbellose)	für SK	für alle Schmuck- und WSK. Alleinfuttermittel für SK und Leguane
NutriCobs	E	Mai 01	Pellets	für pflanzenfressende Reptilien	zur Nahrungsergänzung
raffy Baby-Gran	S	Mai 01	Extrudate	für junge SK, Leguane u. andere Reptilien	
Reptilien Insect-Mix	P	Jan 97	Lyophilisate (Wirbellose)	für fleischfressende Reptilien, speziell LSK u. WSK	keine
Reptilien Pellets	P	Jan 97	Extrudate	für alle Reptilien, speziell für LSK u. WSK	geeignet für alle Reptilien und Amphibien wie Echsen, LSK, SSK, WSK, Molche uvm.

EL= Esslöffel, LSK= Landschildkröte/n, o.= oder, oA= ohne Angabe (des Herstellers), SK= Schildkröte/n,

Mischfuttermittel. Sortierung nach Handelsnamen in alphabetischer Reihenfolge (Fortsetzung)

Fütterungsvorschlag des Herstellers für LSK	Alleinfutter	Beifutter	Inhalt lt. Hersteller	Zusammensetzung lt. Hersteller, Angaben in Prozent					
				Wasser	Eiweiß	Fett	Rohfaser	Ca	P
	für SK	nein	Getreide, pflanzliche Nebenerzeugnisse, Fisch und -nebenerzeugnisse, pflanzliche Eiweißextrakte, Mineralstoffe, Hefen, Früchte	12,0	14,0	4,0	10,0	0,7	0,5
1/4 Doseninhalt (ges. 170 g) je 20 cm SK für eine Stunde im Terrarium belassen, dann entfernen	oA	oA	Apfel, Maismehl, Erbsen, *Opuntia*, getrocknete Karotten, Soja- u. Knochenmehl, Bierhefe, u.a.	78,0	5,5	2,3	4,6	oA	oA
kurz in Wasser einweichen, Jungtiere 2–3× täglich, Adulte 4–5× wöchentlich	für LSK	nein	Überwiegend pflanzliche Rohstoffe, zusätzlich Krebstiere	oA	21,5	3,5	4,8	oA	oA
1–2× täglich sparsam füttern	für SK und Leguane	für kleine Eidechsen, Leguane und LSK	Kleinkrebse, Kleinmuscheln, Fliegenlarven, Garnelenschrot, Ameiseneier	keine Angaben zur Zusammensetzung					
zur besseren Akzeptanz in Wasser oder Gemüsesaft aufweichen	oA	für pflanzen-fressende Reptilien	Luzerne, Wiesenklee, Grünkern	oA	16,0	oA	28,0	1,3	0,3
angefeuchtet in einer flachen Schale mehrmals täglich soviel binnen kurzer Zeit gefressen wird	für WSK	für Reptilien	oA	oA	oA	oA	oA	oA	oA
LSK u. Echsen leicht angefeuchtet füttern	für fleisch-fressende Reptilien, speziell LSK und WSK	nein	*Gammarus*, Garnelen, Conchas, Wasserfliegen u. Mückenlarven	oA	50,8	4,8	4,5	oA	oA
LSK u. Echsen leicht angefeuchtet füttern	für alle Reptilien, speziell für alle LSK u. WSK	nein	Fischmehl, Weizen, Soja	oA	28,0	4,0	2,0	oA	oA

WSK= Wasserschildkröte/n

(Herstellerverzeichnis siehe Tab. IX)

Tab. VII – Als Allein- oder Beifutter für Landschildkröten (LSK) deklarierte handelsübliche

Handelsname	Hersteller	Stand	Konfektionierung	Deklaration	weitere Bemerkungen des Herstellers
Reptosan-G	D	Mai 01	Mehl	für pflanzenfressende Reptilien	insbesondere als Futterzusatz für LSK, Grüne Leguane und Wickel-schwanzskinke
Reptosan-H	D	Mai 01	Cobs	für pflanzenfressende Reptilien	insbesondere für LSK
Schildkröten-Futter	W	Jan 97	Lyophilisate (Wirbellose)	für SK	keine
Schildkröten-Sticks	W	Jan 97	Extrudate	für SK	keine
TetraReptoMin	T	Mai 01	Extrudate	für SK	schmackhafte Futtersticks für SK
TetraReptoMin MiniSticks	T	Mai 01	Extrudate	für junge SK	Hauptfutter für junge SK
TetraReptoMin Gammarus	T	Mai 01	Lyophilisate (Wirbellose)	für SK	schmackhaftes Naturfutter für SK. Einzelfuttermittel für WSK
Tortoise Diet	F	Jan 97	Extrudate	für LSK	keine

EL= Esslöffel, LSK= Landschildkröte/n, o.= oder, oA= ohne Angabe (des Herstellers), SK= Schildkröte/n,

Mischfuttermittel. Sortierung nach Handelsnamen in alphabetischer Reihenfolge (Fortsetzung)

Fütterungsvorschlag des Herstellers für LSK	Alleinfutter	Beifutter	Inhalt lt. Hersteller	Zusammensetzung lt. Hersteller, Angaben in Prozent					
				Wasser	Eiweiß	Fett	Rohfaser	Ca	P
täglich über das Frischfutter streuen; ein Teelöffel genügt, um den geringen Ca- und Rohfasergehalt von etwa 100 g Salat auszugleichen	nein	für pflanzen-fressende Reptilien	vorwiegend Luzerne	9,5	14,5	2,3	18,4	0,9	0,3
einen Teil Reptosan-H etwa 30 Min. in zwei Teilen Warmwasser quellen lassen und über das Futter streuen oder trocken als Beifutter	nein	für pflanzen-fressende Reptilien	Knaulgras, Wiesenfuchsschwanz, Wiesenschwingel, Glatthafer, Rotklee, Roggen, Kümmel u.a.	oA	10,0	3,5	26,0	oA	oA
ohne	für SK	nein	oA	5,0	46,3	2,7	4,5	oA	oA
ohne	für SK	nein	oA	10,0	33,0	4,0	2,0	oA	oA
mehrmals täglich in kleinen Portionen, auch als Leckerbissen für LSK	oA	für LSK	Extrudate	9,0	39,0	4,5	2,0	oA	oA
mehrmals täglich in kleinen Portionen, auch als Leckerbissen für LSK	oA	für LSK	Getreide, Fisch u. -nebenerzeugnisse, Hefen, pflanzliche Eiweißextrakte, Mineralstoffe, Weich- u. Krebstiere, Fleisch u. tierische Nebenprodukte, Algen u.a.	9,0	39,0	4,5	2,0	3,3	oA
mehrmals täglich in kleinen Portionen, auch als Leckerbissen für LSK	oA	für LSK	*Gammarus pulex* (Bachflohkrebs)	13,5	46,0	9,0	6,5	oA	oA
Einweichen nicht notwendig. Fütterung von Jungtieren u. Adulten 1× tägl. 3–5× wöchentlich. Obst u. Gemüse nach Belieben zufüttern	für LSK	nein	Sojabohnenschalen, Mais, Hafer, Weizenfuttermehl, Sojamehl, Luzerne, Trocken-Bierhefe, Weizenmehl, -keime, Sojaöl, u.a.	oA	15,0	3,0	18,0	oA	oA

WSK= Wasserschildkröte/n

(Herstellerverzeichnis siehe Tab. IX)

Tab. VII – Als Allein- oder Beifutter für Landschildkröten (LSK) deklarierte handelsübliche

Handelsname	Hersteller	Stand	Konfektionierung	Deklaration	weitere Bemerkungen des Herstellers
Tortoise Dry Formula	X	Mai 98	Extrudate	für LSK	vollständige und ausgewogene Ernährung für alle LSK
Tortoise Food	N	Jan 97	Pellets	für LSK	keine
Tropical Gammarus	C	Jan 97	Lyophilisate (Wirbellose)	für SK u. Fische	natürliches Alleinfutter für WSK u. LSK als auch für große Aquarienfische
Vita terra Turtle -Special-	V	Mai 01	Extrudate, Pellets und Lyophilisate	für LSK und pflanzenfressende Reptilien	Grünfuttermischung für LSK und andere überwiegend pflanzenfressende Reptilien
Vita terra Turtle -Gammare-	V	Mai 01	Lyophilisate (Wirbellose)	für SK u. andere Reptilien	Naturfutter und Leckerbissen für viele Schildkröten, Eidechsen u. andere Reptilien. Einzelfuttermittel für Reptilien

EL= Esslöffel, LSK= Landschildkröte/n, o.= oder, oA= ohne Angabe (des Herstellers), SK= Schildkröte/n,

Mischfuttermittel. Sortierung nach Handelsnamen in alphabetischer Reihenfolge (Fortsetzung)

Fütterungsvorschlag des Herstellers für LSK	Alleinfutter	Beifutter	Inhalt lt. Hersteller	Zusammensetzung lt. Hersteller, Angaben in Prozent					
				Wasser	Eiweiß	Fett	Rohfaser	Ca	P
für Adulte trocken o. eingeweicht, für Jungtiere eingeweicht, täglich, dazu Obst u. Gemüse nach Belieben	für LSK	nein	Mais, Weizenfuttermehl, Hafer, Soja, Luzernenmehl, u.a.	12,0	13,0	3,0	10,0	oA	oA
täglich nach Bedarf der SK füttern, alleine oder zur Abwechslung mit Frischgemüse und Obst vermischt	für alle LSK, DSK u. SSK	nein	Mais, Soja, Luzerne u.a.	10,0	17,2	5,4	9,0	oA	oA
ohne	für WSK, LSK, große Aquarien-fische	nein	*Gammarus pulex* (Bachflohkrebs)	oA	oA	oA	oA	oA	oA
täglich 1–2 Teelöffel je kg KG	für herbivore Reptilien	nein	Gemüse, pflanzliche Nebenerzeugnisse, Getreide, Früchte, Bäckereierzeugnisse, Nüsse, Honig, Mineralstoffe, pflanzliche Eiweißextrakte, Algen, Löwenzahn, Hefen, Brennnessel, Zuckerrohrmelasse	9,5	13,2	4,9	11,2	2,8	0,7
nach Größe der Tiere kleinere Mengen zufüttern	nein	für SK u. andere Reptilien	Kleinkrebse	9,8	48,6	7,9	oA	oA	oA

WSK= Wasserschildkröte/n

(Herstellerverzeichnis siehe Tab. IX)

Tab. VIII – Für Landschildkröten oder allgemein für Reptilien deklarierte handelsübliche Mischfutter zur Vitamin- und/oder Mineralstoffergänzung

Die Gehalte der Ergänzungsfuttermittel an den fettlöslichen Vitaminen A und D_3 sind in der folgenden Tabelle angeführt. Daneben findet sich die Dosierungsempfehlung des Herstellers und deren praktische Bedeutung für das Tier mit entsprechender Korrektur in der letzten Spalte. Bei den Dosierungsempfehlungen wurde von einem Vitamin-A-Bedarf von 1.000 I. E. und einem Vitamin-D_3-Bedarf von 100 I. E./kg KM/Woche für Schildkröten ausgegangen.

Bei Präparaten mit Fütterungsvorschlag für Arten mit unterschiedlicher Ernährungsweise wurde nur die Dosierungsanweisung für LSK angeführt!

Handelsname (und Deklaration)	H.	Stand	K.	Bez.	Vit. A [I.E.]	Vit. D_3 [I.E.]	Dosierungsempfehlung des Herstellers	berechnete wöchentliche Zufuhr an den Vitaminen A und D_3	empfohlene Dosierung [je kg KM/Woche und begleitende Maßnahmen]
Atvitol "für Fische und Terrarientiere"	J	Jan 97	Fl	100 ml	100.000	80.000	täglich 2–3 Tropfen/100 g KM auf das Futter träufeln	7.000–10.500 I.E. Vit. A/kg KM + 5.600–8.400 I.E. Vit. D_3/kg KM (**Vergiftungsgefahr für kleine Schildkröten**)	2 Tropfen/Woche decken den Bedarf an Vit. D_3 und enth. 100–150 I.E. Vit. A; Zusatz von Vit. A erforderlich
Calciofix (für WSK und LSK)	U	Mai 98	Fl	100 ml	200.000	20.000	1× monatlich für LSK an 7–8 Folgetagen 1× täglich 5 Tropfen je 10 g Futter	bei Aufnahme von 100 g Futter: 8.750–10.000 I.E. Vit. A + 875–1.000 I.E. Vit. D_3 (**Vergiftungsgefahr für kleine Schildkröten**)	10 Tropfen wöchentlich decken den Bedarf an den Vitaminen A + D_3
DragoVit (Multivitaminpräparat für alle Terrarientiere)	B	Mai 01	Fl	100 g	10.000	8.000	täglich dem Trinkwasser beigeben oder 1× wöchentlich direkt verabreichen; max. 2,5 % der Tagesration	bei Verabreichung des Präparats zu 2,5 % der Tagesration und Aufnahme von 10 ml Wasser täglich: 175 I.E. Vit. A + 140 I.E. Vit. D_3	25 Tropfen/Woche decken den Bedarf an Vit. D_3 und enth. 125 I.E. Vit. A; Zusatz von Vit. A nötig
DragoVit Ca+Vitamin D_3 (für Rept. und Amph.)	B	Mai 01	Pv	100 g	nicht enth.	40.000	täglich unter das Futter mischen bzw. die Futtertiere bestäuben	bei täglicher Verwendung bzw. Aufnahme von 1 Messerspitze Pulver: 280 I.E. Vit. D_3 (**Vergiftungsgefahr für kleine Schildkröten**)	alle drei Tage 1 MSP Pulver deckt den Bedarf an Vit. D_3. Zusatz von Vit. A erforderlich
Flukers Calcium: Phosphorus 2:1 (Ergänzungsfutter)	F	Mai 01	Pv	100 g	nicht enth.	keine Mengenangabe	täglich über Früchte und Gemüse zu streuen	Berechnung nicht möglich, da Herstellerangaben zum Vit.-D_3-Gehalt fehlen	Dosierungsvorschlag nicht möglich, da der Hersteller den Vit.-D_3-Gehalt nicht beziffert

	H.		Form	Menge	Vit. A	Vit. D₃	Anwendung	Dosierung	Bedarfsdeckung
Herbamed MultiVitamine	Y	Jan 97	Fl	100 ml	500.000	2.000	täglich jeweils 1–2 Tropfen/ 50 g KM unter das Futter mischen	35.000–70.000 I.E. Vit. A/ kg KM + 140–280 I.E. Vit. D₃/kg KM **(Vergiftungsgefahr für kleine Schildkröten)**	4 Tropfen/Woche decken den Bedarf an Vit. A und enth. 4 I.E. Vit. D₃. Zusatz von Vit. D₃ bzw. Bereitstellung von UV-B nötig
Mineral-Vitamin-Tropfen für SK	bb	Jan 97	Fl	100 ml	150.000	15.000	täglich; LSK: nach Größe 5–8 Tropfen zum Futter	2.625–4.200 I.E. Vit. A/ Tier + 263–420 I.E. Vit. D₃/Tier **(Vergiftungsgefahr für kleine Schildkröten)**	13–14 Tropfen/Woche decken den Bedarf an den Vit. A + D₃
MultiVitamin Schildkrötenhilfe (Multivitamintonikum für WSK und LSK)	A	Mai 01	Fl	100 ml	625.000	62.500	täglich; nach Größe 5–8 Tropfen über das Grundfutter	10.938–17.500 I.E. Vit. A/ Tier + 1.094–1.750 I.E. Vit. D₃/Tier **(Vergiftungsgefahr für kleine Schildkröten)**	3–4 Tropfen wöchentlich decken den Bedarf an den Vitaminen A + D₃
Natural World Calcium + Vit.D₃	N	Jan 97	Pv	100 g	nicht enth.	40.000	jeden zweiten Tag anwenden	bei Verwendung bzw. Aufnahme von 1 MSP Pulver alle 2 Tage: etwa 120 I.E. Vit. D₃ **(Vergiftungsgefahr für kleine Schildkröten)**	0,25 g Pulver/Woche decken den Bedarf an Vit. D₃. Zusatz von Vit. A nötig
Nekton-MSA (Mineralstoffe. Vit. D₃. Aufbaupräparat für Rept.+ Amph.)	I	Jan 97	Pv	100 g	nicht enth.	1.000	dem Futter beimengen, separat pur anbieten, 1:1 mit Vogelgrit mischen	Dosierung abhängig von individuellen Fehlern: 1 MSP Pulver (ca. 0,1 g) enth. 1 I.E. Vit. D₃	10 g Pulver/Woche decken den Bedarf an Vit. D₃. Zusatz von Vit. A nötig. Akzeptanz dann fraglich
Nekton-Tonic-R (Ergänzungsfutter für Reptilien)	I	Jan 97	Pv	100 g	4.000	256	20 ml Pulver in 100 ml Trinkwasser lösen oder 20 ml Pulver über 100 g Futter streuen	bei tägl. Aufnahme von 100 g Futter: 3.080 I.E. Vit. A + 200 I.E. Vit. D₃; Akzeptanz fraglich bei 11 g Pulver je 100 g der Ration	25 g Pulver/Woche decken den Bedarf an Vit. A und enth. 65 I.E. Vit. D₃. Geringer Zusatz von Vit. D₃ bzw. Bereitstellung von UV-B nötig
Nekton-Rep (Vitamine + Spurenelemente für Rept. und Amph.)	I	Mai 01	Pv	100 g	660.000	1.000	für LSK eine MSP Pulver über die zerkleinerten Salatblätter streuen	bei täglicher Verwendung bzw. Aufnahme von 1 Messerspitze Pulver: 4.620 I.E. Vit. A + 7 I.E. Vit. D₃ **(Vergiftungsgefahr für kleine Schildkröten)**	0,15 g Pulver/Woche decken den Bedarf an Vit. A und enth. 1,5 I.E. D₃. Zusatz von Vit. D₃/Bereitstellung UV-B nötig

H. = Hersteller, enth. = enthält/enthalten, Fl= Flüssigkeit, K.= Konfektionierung/Beschaffenheit, Pv= Pulver, MSP = gehäufte Messerspitze

Handelsname (und Deklaration)	H.	Stand	K.	Bez.	Vit. A [I.E.]	Vit. D$_3$ [I.E.]	Dosierungsempfehlung des Herstellers	berechnete wöchentliche Zufuhr an den Vitaminen A und D$_3$	empfohlene Dosierung [je kg KM/Woche] und begleitende Maßnahmen
Repta-Calcium (Ergänzungsfutter für alle Rept.)	F	Mai 01	Pv	100 g	nicht enth.	keine Mengenangabe	täglich über Früchte und Gemüse zu streuen	Berechnung nicht möglich, da Herstellerangaben zum Vit.-D$_3$-Gehalt fehlen	Dosierungsvorschlag nicht möglich, da der Hersteller den Vit.-D$_3$-Gehalt nicht beziffert
Repta-Vitamin	F	Mai 01	Pv	100 g	11.023	2.205	Futterinsekten, Obst u. Gemüse bestäuben	Dosierung abhängig von individuellen Fehlern: 1 MSP (ca. 0,1 g Pv.) enth. 11 I.E. Vit. A und 2 I.E. Vit. D$_3$	etwa 4,5 g/Woche decken den Bedarf an Vit. D$_3$ und enth. 495 I.E. Vit. A. Zusatz Vit. A nötig
Reptilin (Vitamine für SK, Rept.)	S	Apr 01	Fl	100 ml	100.000	10.000	1× wöchentlich 3–4 Tropfen/100 g KM	1.500–2.000 I.E. Vit. A/kg KM + 150–200 I.E. Vit. D$_3$/kg KM	20 Tropfen/Woche decken den Bedarf an den Vitaminen A + D$_3$
Reptivite (Vitamine für Rept.)	Z	Apr 01	Pv	100 g	22.000	2.300	Gemüse u. Früchte leicht bestäuben, in sehr kleiner Menge, jede 2. Fütterung bei eingewöhnten Tieren	bei Bestäubung der täglichen Ration mit jeweils einer Messerspitze Pulver: 154 I.E. Vit. A + 16 I.E. Vit. D$_3$	4,5 g Pulver/Woche decken den Bedarf an den Vitaminen A + D$_3$
ReptiZacPlus (Multivitaminpräparat für Terrarientiere)	L	Jan 01	Fl	100 ml	96.000	7.200	1× wöchentlich 3–4 Tropfen/100 g KM (Pipette dabei)	1.440–1.920 I.E. Vit. A/kg KM + 108–144 I.E. Vit. D$_3$/kg KM	21 Tropfen/Woche decken den Bedarf an Vit. A und enthalten 76 I.E. Vit. D$_3$. Zusatz von Vit. D$_3$ bzw. Bereitstellung von UV-B nötig
ReptoCal (Mineralien für alle Terrarientiere) !Vitamine als Zusatzstoffe!	T	Mai 01	Pv	100 g	21.792	1.362	über das Futter streuen, max. 8 % der Tagesration	bei täglicher Aufnahme von 100 g Futter mit Zusatz von 8 g Pulver: 1.743 I.E. Vit. A + 109 I.E. Vit. D$_3$	aufgrund seines Gehaltes an den fettlöslichen Vitaminen A und D$_3$ (als Zusatzstoffe) sollen 4,6 g Pulver/Woche/kg KM nicht überschritten werden

	H.		K.						
ReptoLife (Ergänzungsfutter für alle Terrarientiere)	T	Mai 01	Pv	100 g	220.000	11.454	täglich über das Futter: 1 gehäufte MSP bis 500 g KM; 1–2 gehäufte MSP bis 10 kg KM: 1/4–1/2 Teelöffel ab 10 kg KM; max. 1,7 % der Tagesration	bis 500 g KM: 1.540 I.E. Vit. A + 84 I.E. Vit. D$_3$; bis 10 kg KM: 1.540–3.080 I.E. Vit. A + 84–168 I.E. Vit. D$_3$; über 10 kg KM: 15.400–30.800 I.E. Vit. A + 805–1.610 I.E. Vit. D$_3$	0,45 g Pulver wöchentlich decken den Bedarf an Vit. A und enth. 54 I.E. Vit. D$_3$. Zusatz von Vit. D$_3$ bzw. Bereitstellung von UV-B nötig
ReptoSol (Vitamine für alle Terrarientiere)	T	Mai 01	Fl	100 ml	100.000	8.000	1× wöchentlich 3–4 Tropfen für 100 g KM (Pipette dabei); max. 2,5 % der Tagesration	1.500–2.000 I.E. Vit. A/ kg KM + 120–160 I.E. Vit. D$_3$/ kg KM	20 Tropfen/Woche decken den Bedarf an Vit. A und enth. 80 I.E. Vit. D$_3$. Geringer Zusatz von Vit. D$_3$/Bereitstellung UV-B nötig
Reptovit Ergänzungsfutter für SK und andere Rept.)	O	Jan 97	Pv	100 g	50.000	1.250	kleine Prise täglich auf das Futter; Abstimmung der Dosierung auf versch. Arten und Größen regelt sich mit der Futtermenge von selbst.	bei täglicher Aufnahme von 1 Messerspitze Pulver: 350 I.E. Vit. A + 9 I.E. Vit. D$_3$	2 g Pulver/ Woche decken den Bedarf an Vit. A und enth. 25 I.E. Vit. D$_3$. Zusatz von Vit. D$_3$ bzw. Bereitstellung von UV-B nötig
Schildkrötenhilfe Petaid (für WSK und LSK)	Q	Jan 97	Fl	100 ml	150.000	15.000	"Das Mittel kann unbegrenzt angewendet werden." für LSK nach Größe täglich 5–10 Tropfen	2.625–5.250 I.E. Vit. A und 263–525 I.E. Vit. D$_3$ **(Vergiftungsgefahr für kleine Schildkröten)**	13–14 Tropfen wöchentlich decken den Bedarf an den Vitaminen A + D$_3$
Schildkrötensonne (Vitamine für alle SK)	J	Apr 01	Fl	100 ml	100.000	1.500	täglich unter das Futter; nach Größe pro Tier 5–10 Tropfen	1.750–3.500 I.E. Vit. A/Tier + 26,3–52,5 I.E. Vit. D$_3$/ Tier **(Vergiftungsgefahr für kleine Schildkröten)**	20 Tropfen/Woche decken den Bedarf an Vit. A und enth. 15 I.E. Vit. D$_3$. Zusatz von Vit. D$_3$ bzw. Bereitstellung UV-B nötig
Schildkröten-Tonikum (für LSK und WSK)	aa	Jan 97	Fl	100 ml	500.000	20.000	täglich 2–3 Tropfen/ ¼ Liter Badewasser oder die gleiche Menge auf das Futter	3.500–5.250 I.E. Vit. A/Tier und 140–210 I.E. Vit. D$_3$/Tier **(Vergiftungsgefahr für kleine Schildkröten)**	4 Tropfen/Woche decken den Bedarf an Vit. A und enth. 40 I.E. Vit. D$_3$. Zusatz von Vit. D$_3$/Bereitstellung UV-B nötig

H. = Hersteller, enth.= enthält/enthalten, Fl= Flüssigkeit, K.= Konfektionierung/Beschaffenheit, Pv= Pulver, MSP = gehäufte Messerspitze

Handelsname (und Deklaration)	H.	Stand	K.	Bez.	Vit. A [I.E.]	Vit. D$_3$ [I.E.]	Dosierungsempfehlung des Herstellers	berechnete wöchentliche Zufuhr an den Vitaminen A und D$_3$	empfohlene Dosierung [je kg KM/Woche] und begleitende Maßnahmen
Solar Drops Liquid UVB (für tagaktive Rept.)	X	Mai 98	Fl	100 ml	nicht enth.	1.500.000	1× wöchentlich 1 Tropfen für alle Größen und jedes Alter	750 I.E. Vit. D$_3$/Tier	alle 5 Tage 1 Tropfen deckt den Bedarf an Vit. D$_3$. Zusatz von Vit. A erforderlich
TerraVit (Multivitamin und Mineralien für Terrarientiere)	J	Mai 01	Pv	100 g	800.000	1.000	wöchentlich etwa 1 Dosierlöffel (liegt bei, faßt etwa 1 g Pulver) pro 100 g Futter ;	bei Aufnahme von 100 g Futter: 8.000 I.E. Vit. A + 10 I.E. Vit. D$_3$ **(Vergiftungsgefahr für kleine Schildkröten)**	etwa 1 MSP Pulver alle 6 Tage deckt den Bedarf an Vit. A und enth. 1 I.E. Vit. D$_3$. Zusatz Vit. D$_3$/Bereitstellung UV-B nötig
TerraVitFluid (Multivitamine für Terrarientiere)	J	Apr 01	Fl	100 ml	100.000	1.000	auf das Futter tropfen: 10–20 Tr./100 g Futter oder 10–20 Tr./100 ml Wasser	bei tägl. Aufnahme von 100 g Futter: 3.500–7.000 I.E. Vit. A + 35–70 I.E. Vit. D$_3$ **(Vergiftungsgefahr für kleine Schildkröten)**	20 Tropfen/Woche decken den Bedarf an Vitamin A und enth. 10 I.E. Vit. D$_3$. Zusatz von Vit. D$_3$/Bereitstellung UV-B nötig
Trofizoon Vitamintropfen (für SK)	cc	Jan 97	Fl	100 g	27.000	6.000	für LSK 1× monatlich ins Trinkwasser an 7 Folgetagen täglich 20 Tropfen.	im Trinkwasser je Tier : 1.890 I.E. Vit. A und 420 I.E. Vit. D$_3$	33 Tropfen/Woche decken den Bedarf an Vit. D$_3$ + enth. 446 I.E. Vit. A. Zusatz Vit. A nötig
T-Rex Calcium: Phosphorus 2:1 (für herbivore Rept.)	X	Mai 98	Pv	100 g	36.000	3.600	täglich; für Jungtiere großzügig über das Futter streuen, Adulte 1–2 TL 2–3× wöchentlich	Jungtiere bei tägl. Aufnahme von 1/2 TL ca. 1.400 I.E. Vit. A + 140 I.E. Vit. D$_3$; Adulte ca. 3.000 I.E. Vit. A + 300 I.E. Vit. D$_3$	2,8 g Pulver/Woche decken den Bedarf an den Vitaminen A + D$_3$
Vitaterra Reptile-Mineral- (Mineralien und Vitamine für Rept.)	V	Mai 01	Pv	100 g	5.000	800	bis 5 % der Tagesration nach KM täglich auf das Futter streuen: 1/2 MSP bis 100 g KM, 1 MSP bis 500 g KM, 2 MSP bis 1.500 g KM, 3–5 MSP über 1.500 g KM	bis 100 g KM: 17,5 I.E. Vit. A + 2,8 I.E. Vit. D$_3$; bis 500 g KM: 35 I.E. Vit. A + 5,6 I.E. Vit. D$_3$; bis 1.500 g KM: 70 I.E. Vit. D$_3$ + 11,2 I. E. Vit. D$_3$; über 1.500 g KM: 105–175 I.E. Vit. A + 17–28 I.E. Vit. D$_3$	Hinsichtlich seines Gehaltes an fettlöslichen Vitaminen als Zusatzstoffe ist das Produkt unbedenklich

	H.	K.		enth.			Konfektionierung/Beschaffenheit	Bedarf	
Vitaterra Turtle Elixier (für alle Rept.)	V		100 g	10.000	1.000	Mai 01	maximal 1 Tropfen je 100 g KM täglich (1 Tropfen wiegt ca. 0,005 g)	350 I.E. Vit. A/kg KM + 35 I.E. Vit. D$_3$/kg KM	200 Tropfen wöchentlich decken den Bedarf and den Vitaminen A + D$_3$
vitobel CA 26 (für alle SK)	V	F1	100 ml	25.000	5.000	Jan 97	LSK 1 × monatlich an 7 Folgetagen täglich 20 Tropfen in das Trinkwasser	nur 1 × monatlich im gesamten Trinkwasser über eine Woche: 1.750 I.E. Vit. A + 350 I.E. Vit. D$_3$	2 ml/Woche decken den Bedarf and Vit. D$_3$ + enth. 500 I.E. Vit. A. Zusatz von Vit. A nötig

H. = Hersteller, enth. = enthält/enthalten, F1 = Flüssigkeit, K. = Konfektionierung/Beschaffenheit, Pv = Pulver, MSP = gehäufte Messerspitze.

Tab. IX– Herstellerverzeichnis

A	pitti, Willich	M	MultiFit Tiernahrung, Krefeld
aa	Weltweit, Holm	N	Natural World, Vertrieb: Petexo, Mechelen, Belgien
B	Faust, Duisburg	O	Zoomedica Frickhinger, Berlin
bb	Dr. Clauder, Lage	P	Product, A-Wollsdorf
C	Tropical, PL-Chorzów	Q	Rodentia-Steinbach, Harle
cc	Trofizoon, Isernhagen	R	Roswal, CH-Zürich
D	Dennert, Hünxe	S	Sera, Heinsberg
E	EuroZoo, Waldfeucht	T	TetraWerke, Melle
F	Fluker, Baton Rouge, Louisiana	U	Ravasi, Brivio, Italien
H	Hagen, Holm	V	Vitakraft, Bremen
I	Nekton, Pforzheim	W	WR Frost, Hückelhoven-Baal
J	JBL, Neuhofen	X	T-Rex, San Diego, CA
K	Kaytee, Vertrieb: Animonda, Bad Iburg	Y	Heiler, Hildesheim
L	Zoo Zajac, Duisburg	Z	Zoo Med. San Luis Obispo. CS

129

Tab. X – Übersicht einer Auswahl giftiger Pflanzen

	alle Anteile	Zwiebel	Wurzel/-stock	Stamm/Stängel/Äste/Zweige	Triebe	Rinde	Blätter	Ranken	Blüten	Früchte/Nüsse/Beeren	Mark/Saft/Öl	Samen/Kerne	Erbsen	Schoten bzw. Samenbehälter	Sproß	Quelle
Abrusbohne > Paternostererbse																7
Adventsstern > Weihnachtsstern																7
Akazie, Falsche	●					●						●				1,2,4
Akelei, Gemeine	●											●				1,2,7
Aloe	sukkulente Blätter															2,3
Alpenveilchen			●				●		●							1,2,3,7
Amaryllis	●															1,2,8
Amsinckia							●					●				1,2,7
Anemone	●															1,2,5
Apfel										nur die zerquetschten Kerne						1,2
Aprikose							●					Samen				1,2,5,7
Arisaema triphyllum	●		● (mild toxisch)													1,2,8
Asclepias spp. > Seidenpflanze																1,2
Asthmakraut > Stechapfel, Gemeiner																
Avocado							●			u.U. F						1,2
Azalee	●															1,2,5
Begonie	●															2,7
Belladonnalilie > Amaryllis																8
Benediktendistel							●		●							1,2,7
Berglorbeer							●								●	1,2,3,5
Bergsalbei > Wandelröschen																7
Bernhardinerwurz > Benediktendistel																7
Besenginster							●		●			●				1,2,8
Betelnußpalme	●															1,2,7
Bilsenkraut	●															1,2,5
Birne										nur die zerquetschen Kerne						1,2
Bitterdistel > Benediktendistel																7
Blasenkirsche > Lampionsblume																
Blaue Amaryllis > Schmucklilie																7
Blaue Tuberose > Schmucklilie																7
Blauer Eisenhut	●		●									●				1,2,4,7
Blaugummibaum > Eukalyptus																7
Blauregen > Glyzine																7

Tab. X – Übersicht einer Auswahl giftiger Pflanzen (Fortsetzung)

	alle Anteile	Zwiebel	Wurzel/ -stock	Stamm/ Stängel/ Äste/ Zweige	Triebe	Rinde	Blätter	Ranken	Blüten	Früchte/ Nüsse/ Beeren	Mark/ Saft/ Öl	Samen/ Kerne	Erbsen	Schoten bzw. Samenbehälter	Spross	Quelle
Blumengardenie	●									F						7
Blutwurzel, Kanadische	●															1,2,3
Bornwurz > Benediktendistel																7
Buchsbaum				●			●			●						1,2,7,9
Buntwurz > Kaladie																7
Buschwindröschen > Anemone																7
Butterblume	●		●													1,2,4,5,7
Calla	●															5
Callisie	●															1,6
Cassava > Maniok																8
Chinesischer Holunder > Paternosterbaum																7
Christophskraut	●															1,2,5
Christrose			●				●		●							1,5,7
Christusdorn											Milchsaft					1,2,7
Christuspalme > Rizinusstaude																7
Dicentra spp.							●		●			●				1,2
Dieffenbachie	●			●												1,2,5,7
Dornenkrone > Christusdorn																7
Drudenfuß > Mistel, Weiße																8
Efeuarten	●									B						1,2,5
Efeutute	●															2,7,8
Eiche						●	●			grüne Früchte						1,2,7
Essigbaum	●															1,2,5
Eukalyptus							●			F						1,3,7
Feigenbaum, Echter											●					8
Fensterblatt > Monstera																7
Feuerdorn							●			B						2,5
Ficus spp.							●				Milchsaft					2
Fieberbaum > Eukalyptus																7
Fingerhut							●		●							1,2,3,5
Fischkörner > Tollkörner																7
Flachs												●			●	1,2,7,9
Flammendes Herz > Tränendes Herz																7

Tab. X – Übersicht einer Auswahl giftiger Pflanzen (Fortsetzung)

	alle Anteile	Zwiebel	Wurzel/ -stock	Stamm/ Stängel/ Äste/ Zweige	Triebe	Rinde	Blätter	Ranken	Blüten	Früchte/ Nüsse/ Beeren	Mark/ Saft/ Öl	Samen/ Kerne	Erbsen	Schoten bzw. Samenbehälter	Sproß	Quelle
Flaschenpflanze											●	●				1
Fleißiges Lieschen > Springkraut																7
Flieder, Persischer > Paternosterbaum																7
Flockenblumen (z.B. Kornblume)									●							1,2
Gauchheil			●				●			F						1,2
Germer, Weißer > Nieswurz, Weiße																7
Giftefeu	(●)						●			F						1,2,5
Giftsumach	●															1,2,7
Glycinie > Glyzine																7
Glyzine			●	●		●	●			F		●		●		1,2,7
Goldregen	(●)											●		●		1,2,5
Götterbaum						●	●		●			●				1,2,7,9
Greiskraut > Kreuzkraut																5
Gummibaum	●															2,7
Gundermann	●															2,6,9
Hahnenfuß, Knolliger	●															7
Hahnenfuß, Scharfer > Butterblume																7
Hanf					Harz der weiblichen Pflanze											1,2,5
Hartriegel, Roter							●			F (mild toxisch)						1,2,7
Herbstzeitlose		●														1,2,3,7
Hexenbesen > Mistel, Weiße																8
Holunder					●	●				unreife Beeren						1,2,7
Hortensie	●															1,2,5,7
Hülse > Stechpalme																7
Hyazinthe		●					●		●							1,2
Immergrün, Kleines	●															1,2,7
Indianer-Tabak > Lobelie, Aufgeblasene																7
Jasmin, Falscher	●															1,2,3
Jasmin, Wilder	●															1,2,7
Jequirity-Samen > Paternoster-Erbse																7
Judenkirsche > Lampionsblume																7
Jungfernrebe > Wein, Wilder																7
Kaladie	●															1,2,7

Tab. X – Übersicht einer Auswahl giftiger Pflanzen (Fortsetzung)

	alle Anteile	Zwiebel	Wurzel/-stock	Stamm/Stängel/Äste/Zweige	Triebe	Rinde	Blätter	Ranken	Blüten	Früchte/Nüsse/Beeren	Mark/Saft/Öl	Samen/Kerne	Erbsen	Schoten bzw. Samenbehälter	Spross	Quelle
Kardobenedikte > Benediktendistel																7
Kartoffel	alle Anteile außer der Knolle															1,2,5
Kermesbeere	●		●													1,2,3,5,7
Kirsche												Samen				1,2,5,7
Kirschlorbeer	●						●					●				1,3,5,7
Klimme	●															2,6,11
Knackbeere > Schneebeere																7
Knallerbse > Schneebeere																7
Kokkelskörner > Tollkörner																7
Kolbenfaden							●									2
Korallenbäumchen	●								B							1,2,7
Korallenranke	●										Milchsaft					2,7
Kornblume > Flockenblumen																7
Krebsblume > Kroton																7
Kreuzkraut	●															1,2,5
Krokus		●														1,2,7
Kroton						●	●				●	●				1,2,5,7
Lampionsblume	●									Beeren wohl ungiftig						2,7
Lein > Flachs																7
Lerchensporn	●		●													1,2,5,7
Liguster						●	●		B							1,2,4,7
Lobelie	●															1,2,3
Lobelie, Aufgeblasene	●															1,2,7
Lorbeerbaum	●						●		B							1,2,7
Lorbeerkirsche > Kirschlorbeer																
Löwenmaul							●		●							1,2
Lupine	(●)						●							●		1,2,5,7
Maiapfel	●															1,2,7
Maiglöckchen	(●)						●		●	F						1,2,5,7
Mandioka > Maniok																8
Maniok																1,2,8
Mariendistel							●		●			●				1,2,7
Meerzwiebel, Falsche > Milchstern																7

Tab. X – Übersicht einer Auswahl giftiger Pflanzen (Fortsetzung)

	alle Anteile	Zwiebel	Wurzel/ -stock	Stamm/ Stängel/ Äste/ Zweige	Triebe	Rinde	Blätter	Ranken	Blüten	Früchte/ Nüsse/ Beeren	Mark/ Saft/ Öl	Samen/ Kerne	Erbsen	Schoten bzw. Samenbehälter	Spross	Quelle
Milchstern	(●)	●					●		●							1,2,5,7
Milchstern, Doldiger	(●)	●														7
Mirabilis jalapa	●											●				1,2,9
Mistel, Weiße				●			●			B						1,2,7,8
Mohrenhirse	●														●	1,2,8
Monstera	●															2,5,7
Nachtschatten, Bittersüßer	●									B						1,2,7
Narzisse, Gelbe	●	●	auch das Blumenwasser													1,2,7
Nektarine							●					Samen				1,2,7
Nelke	●															1,2
Nieswurz, Schwarze > Christrose																7
Nieswurz, Weiße	●															1,7
Oleander	●															1,2,5,7
Osterglocke > Narzisse, Gelbe																7
Palmlilie > Yucca																6
Papierblume > Zimmercalla																7
Paradiesvogelblume > Strelitzie																6
Pastinak, Gemeiner			●				●									1,2,9,10
Paternoster-Erbse			●			●	●		●			●		●		1,2,4,5,7,9
Paternosterbaum						●				F						1,2,7
Peyotl > Schnapskopf																7
Pfingstrose	●															1,2,5,7
Pfirsich							●					Samen				1,2,7
Pflaume							(●)					Samen				1,2,7
Philodendron > Monstera																7
Poinsettie > Weihnachtsstern																7
Poleiminze	●															1,2,7
Prachtwinde > Prunkwinde																7
Prunkwinde	(●)						●		●			●				1,2,5,7
Purpurtute							●			F						2,8
Rainweide > Liguster																7
Rasewurz > Tollkirsche																8
Rhabarber		**ungekochter Stamm**					●									1,2,9

Tab. X – Übersicht einer Auswahl giftiger Pflanzen (Fortsetzung)

	alle Anteile	Zwiebel	Wurzel/-stock	Stamm/Stängel/Äste/Zweige	Triebe	Rinde	Blätter	Ranken	Blüten	Früchte/Nüsse/Beeren	Mark/Saft/Öl	Samen/Kerne	Erbsen	Schoten bzw. Samenbehälter	Spross	Quelle
Rhododendron	(●)						●		●							1,2,5
Rittersporn	●															1,2,7
Ritterstern	●															7
Rizinusstaude												●				1,2,4,5,7
Rosenlorbeer > Oleander																7
Rosmarin	●						●									1,2,7
Roßkastanie	(●)					●	●			N				●	●	1,2,3,7
Rubus spp.							●			F						1,2
Rührmichnichtan > Springkraut, Großes																7
Sadebaum					●							●				4,7
Salbei, Garten-	●						●									1,2,5,7
Saubohne	●															1,2,5
Schachtelhalm, Sumpf-	●															1,2,7
Schefflera	●															2,8
Schiefblatt > Begonie																7
Schmetterlingsblütler	●															1,2,8,9
Schmucklilie	●	●														2,3,7
Schnapskopf	●															1,2,7
Schneebeere	(●)									B						5,7
Schöllkraut	●										●					2,5,7
Schweigohr > Dieffenbachie																7
Schwertlilie	●		●													1,2,5,7
Seidenpflanze	●										Milchsaft					1,2,7
Sevibaum > Sadebaum																7
Sonnentau							●									1,2,3
Spanischer Pfeffer										F						2,7
Springkraut, Großes	●															1,2,7
Stechapfel, Gemeiner	●		●									●				1,2,5,7
Stechpalme							●			B						1,2,4,5,7
Strelitzie							●		●					●		1,2,6
Sturmhut > Blauer Eisenhut																7
Symplocarpus	●															1,2,9
Tintenbeere > Liguster																7

Tab. X – Übersicht einer Auswahl giftiger Pflanzen (Fortsetzung)

	alle Anteile	Zwiebel	Wurzel/ -stock	Stamm/ Stängel/ Äste/ Zweige	Triebe	Rinde	Blätter	Ranken	Blüten	Früchte/ Nüsse/ Beeren	Mark/ Saft/ Öl	Samen/ Kerne	Erbsen	Schoten bzw. Samenbehälter	Spross	Quelle
Tintenbeere > Liguster																7
Tollkirsche	•									B						1,2,5,7
Tollkörner										B						1,2,7
Tomate	•	außer reife Früchte														1,2,5
Tränendes Herz > Lerchensporn																7
Trichterwinde > Prunkwinde																7
Trompetenbaum	•															1,2,8,9
Tulpenbaum	•			•		•	•									1,2,7
Venusfliegenfalle							•	•								1,2
Venusschuh	•			•			•									1,2,7
Verbena							•	•								1,2,7
Wacholder	•									B						2,4,5,7
Wacholder, Stink- > Sadebaum																7
Wachsbaum	•															1,2,7
Waldlilie							•									1,2,7
Wandelröschen	•									•						1,2,4,7
Weihnachtsstern	•										Milchsaft					1,2,5,7
Wein, Wilder	•									B						1,2,5,7
Weinrebengewächse > Klimme																6
Winterschachtelhalm	•															1,2,3
Wolfsbohne > Lupine																7
Wolfsmilcharten	(•)						•		•		•					1,2,5
Wunderbaum > Rizinusstaude																7
Wunderstrauch > Kroton																7
Yuca > Maniok																8
Yucca							•		•							1,2,6
Zedrachbaum > Paternosterbaum																7
Zigadenus spp.	•	•														1,2,9
Zimmercalla	•															2,5,7

13 Literaturverzeichnis

AICHELE, D. & M. GOLTE-BECHTLE (1993): Was blüht denn da? Wildwachsende Blütenpflanzen Mitteleuropas. 55. Aufl. – Stuttgart (Franckh-Kosmos), 427 S.

ALLEN, M. E., O. T. OFTEDAL, U. D. I. WERNER (1990): Management of the Green Iguana (*Iguana iguana*) in Central America. – Proc. Am. Assoc. Zoo Vet.: 19–22.

ANDERSON, N. G. & K. M. WILBUR (1948): Gastric carbonic anhydrase and acid secretion in turtles. – J. cell. Comp. Physiol. **31**: 293–302.

ARESTÉ, M. (2000): *Geochelone sulcata* (MILLER, 1779). Afrikanische Sporenschildkröte. – REPTILIA, Münster, **5**(6): 51–54.

ASHLEY, L. M. (1955): Laboratory Anatomy of the Turtle. – Dubuque, Iowa (Brown Publishers), 48 S.

AVERY, R. A. (1982): Field studies of body temperatures. – S. 93–166 in: GANS, C. & F. H. POUGH (Hrsg.): Biology of the Reptilia. Bd. 12. – London (Academic Press).

AVERY, H. W., J. R. SPOTILA, J. D. CONGDON, R. U. FISCHER, E. A. STANDORA & S. B. AVERY (1993): Roles of diet protein and temperature in the growth and nutritional energetics of juvenile slider turtles, *Trachemys scripta*. – Physiol. Zool. **66**: 902–925.

BAER, D. J. (1993): Effects of diet composition and ambient temperature on digestive function and bioenergetics of the green iguana (*Iguana iguana*). – East Lansing, Michigan (Diss., Michigan State University), 150 S.

— (1994): The Nutrition of Herbivorous Reptiles. – S. 83–90 in: MURPHY, J. B., K. ADLER & J. T. COLLINS (Hrsg.): Captive Management and Conservation of Amphibians and Reptiles. – Ithaca, NY (Soc. Study Amphib. Rept.).

BARTEN, S. L. (1982): Fatal metastatic mineralization in a red-footed tortoise. – VM/SAC 4/1982: 595–597.

— (1993): The Medical Care of Iguanas and Other Common Pet Lizards. – Small Animal Practice **23**(6): 1213–1249.

— (1996): Lizards. – S. 47–61 in: MADER, D.R. (Hrsg.): Reptile Medicine and Surgery. – London (Saunders).

BARTHOLOMEW, G. A. (1966): A field study of temperature relations in the Galapagos marine iguana. – Copeia **1966**: 241–250.

BASILE, I. A. (1989): Faszinierende Schildkröten. – Stuttgart (Naglschmid), 143 S.

BECKER, M. & K. NEHRING (1969): Handbuch der Futtermittel. – Hamburg (Parey Verlag).

BEHLER, J. L. & J. IADEROSA (1990): A review of the captive breeding program for the Radiated Tortoise at the New York Zoological Society's Wildlife Survival Center. – 1st Int. Symposium on Turtles & Tortoises: Conservation and Captive Husbandry: 160–162.

BELKIN, D. A. (1965): Reduction of the Metabolic Rate in Response to Starvation in the Turtle, *Sternotherus minor*. – Copeia **1965**(3): 367–368.

BELLAIRS, A. (1969): Die Reptilien. – S. 132–336 in: PARKER, H.W. & A. BELLAIRS (Hrsg.): Die Amphibien und die Reptilien. – Wiesbaden (Löwit Verlag).

BENEDICT, F. G. (1932): The physiology of large reptiles. – Washington, D. C. (Publ. 425 Carnegie Institution), 539 S.

BENNETT, A. F. & W. R. DAWSON (1976): Metabolism. – S. 127–223 in: GANS, C. & W.R. DAWSON (Hrsg.): Biology of the Reptilia. Bd. 5. – London (Academic Press).

BERGER, P. J. &. G. BURNSTOCK (1979): Autonomic Nervous System. – S. 21–26 in: GANS, C. & R. G. NORTHCUTT & P. ULINSKI (Hrsg.): Biology of the Reptilia. Bd. 10. Neurology B. – London (Academic Press).

BERSIN, T. (1966): Biochemie der Vitamine. – Frankfurt/ M. (Akademische Verlagsgesellschaft), 296 S.

BJORNDAL, K. A. (1979): Cellulose digestion and volatile fatty acid production in the green turtle, *Chelonia mydas*. – Comp. Biochem. Physiol. **63A**: 127–133.

— (1985): Nutritional ecology of sea turtles. – Copeia **1985**: 736–751.

— (1989): Flexibility of digestive responses in two generalist herbivores, the tortoises *Geochelone carbonaria* and *Geochelone denticulata*. – Oecologia **78**: 317–321.

— (1991): Diet mixing: nonadditive interactions of diet items in an omnivorous freshwater turtle. – Ecology **72**(4): 1234–1241.

— & A. B. BOLTEN (1990): Digestive processing in a herbivorous freshwater turtle: consequences of small-intestine fermentation. – Physiol. Zool. **63**: 1232–1247

—, A. B. BOLTEN & J. E. MOORE (1990): Digestive fermentation in herbivores: effect of food particle size. – Physiol. Zool. **63**: 710–721.

BLACKWELL, W. H. (1990): Poisonous and Medical Plants. Englewood Cliffs, N. J. (Prentice Hall), 329 S.

BOYER, D. M. (1986): Watering Techniques for Captive Reptiles and Amphibians. – 10th Int. Herp. Symp. Capt. Propag. & Husbandry, San Antonio, Texas: 1–6.

BOYER, T. H. (1991): Green Iguana Care. – Bull. ARAV **1**(1): 12–14.

– (1996): Metabolic Bone Disease. – S. 385–392 in: MADER, D. R. (Hrsg.): Reptile Medicine and Surgery. – London (Saunders).

– &. D. M. BOYER (1996): Turtles, Tortoises and Terrapins. – S. 61–78 in: MADER, D.R. (Hrsg.): Reptile Medicine and Surgery. – Philadelphia (Saunders).

BROSCHELL, S. (2000): Leben und Fortpflanzung der Areolen-Flachschildkröte *Homopus areolatus* (THUNBERG, 1787) in menschlicher Obhut. – Sauria **22**(3): 3–9.

BUFF, W. & K. VON DER DUNK (1988): Giftpflanzen in Natur und Garten. 2. Aufl. – Berlin (Parey Verlag): 352 S.

BURKE, T. J. (1970): Hypovitaminosis A. – Int. Turtle & Tortoise Soc. J. May/June/July 1970 : 8–9.

CAMPBELL, T. W. (1996): Clinical Pathology. – S. 248–257 in: MADER, D.R. (Hrsg.): Reptile Medicine and Surgery. – London (Saunders).

CAPORASCO, F. (1989): TNT. Tortoise Diet Information. – Tortuga Gazette **25**(7): 6–7.

CONNOR, M. J. (1992): Pancake Tortoise, *Malacochersus tornieri*. – Tortuga Gazette **28**(11): 1–3.

– (1993): *Testudo kleinmanni*, Notes on Captive Husbandry. – Tortuga Gazette **29**(1): 5.

COULSON, R. A. & T. HERNANDEZ (1970): Protein Digestion and Amino Acid Absorption in the Cayman. – J. Nutr. **100**: 810–826.

CTTC (2001): Care of Desert Tortoises. Guide to the care of the desert tortoise. – California Turtle & Tortoise Club Desert Tortoise Care Sheet, http://www.tortoise.org/general/descare.html (Stand: April 2001): 7 S.

DACKE, C. G. (1979): Calcium Regulation in Reptiles. – S. 147–155 in: DACKE, C. G. (Hrsg.): Calcium Regulation in Sub-Mammalian Vertebrates. – London (Academic Press).

DAHME, E. &. M. REINACHER (1988): Knochen. – S. 314–329 in: E. DAHME & E. WEISS (1988): Grundriß der speziellen pathologischen Anatomie der Haustiere. – Stuttgart (Enke-Verlag).

DAVENPORT, J., S. ANTIPAS & E. BLAKE (1989) : Observations of gut functions in young green turtles

Chelonia mydas. – Herpetol. J. **1**(8): 336–342.

DEMMENT, M. W. & P. J. VAN SOEST (1982): Body size, digestive capacity and feeding strategies of herbivores. – Morrilton, Arkansas (Winrock Research Publications). 66 S.

DENARDO, D. (1996): Dystocias. – S. 370–374 in: MADER, D.R. (Hrsg.): Reptile Medicine and Surgery. – Philadelphia (Saunders).

DENNERT, C. (1997): Untersuchungen zur Fütterung von Schuppenechsen und Schildkröten. – Hannover (Diss., Tierärztl. Hochschule), 189 S.

– (1999a): Ernährung europäischer Landschildkröten. Teil 1. – Reptilia, Münster, **4**(3): 32–39.

– (1999b): Ernährung europäischer Landschildkröten. Teil 2. – Reptilia, Münster, **4**(4): 51–58.

– (2000): Verwendung von Heucobs als Ergänzungsfutter für Landschildkröten. – DRACO, 1(2): 52–55.

DERICKSON, W. K. (1976): Lipid Storage and Utilization in Reptiles. – Amer. Zool. **16**: 711–723.

DEVAUX, B. (1997): *Testudo kleinmanni*. Die scheue Schönheit. – Reptilia, Münster, **2**(5): 43–58.

DONE, L. B. (1996): Postural Abnormalities. – S. 406–411 in: MADER, D.R. (Hrsg.): Reptile Medicine and Surgery. – Philadelphia (Saunders).

DONOGHUE, S. (1995a): Clinical Nutrition of Reptiles and Amphibians. – Proc. ARAV **1995**: 16–37.

– (1995b): Nutrition Support. – Proc. ARAV **1995**: 43–49

– & D. A. DZANIS (1995) : Evaluating Commercial Diets. – Proc. ARAV **1995**: 74–79.

– & J. LANGENBERG (1994): Clinical nutrition of exotic pets. – Austr. Vet. J. **71**: 337–341.

– &. S. MCKEOWN (1998): Choosing a Chelonian. Part 2. Finding the Right Tortoise. – Vivarium **9**(6): 16 + 73.

EDGREN, R. A. (1960): A seasonal change in the bone density in female musk turtles, *Sternothaerus odoratus*. – Comp. Biochem. Physiol. **1**: 213–217.

EKSAEVA, V. A. (1958): The histological structure of the esophagus of certein cold-blooded vertebrates. – Proc. Acad. Sci. USSR 118: 42–46. Transl. Of Dokl. Akad. Nauk SSSR Biol. Sci. Sect. 118(1957).

ESPENSHADE, W. H. & J. BUSKIRK (1994): *Manouria impressa* (GÜNTHER 1882): A Summary of Known & Anecdotal Information. – Tortuga Gazette **30**(5): 1–5.

FINLAYSON, R. (1962): Vascular Disease in Captive Animals. – S. 99–106 in: HARRISON, R. G. & K. R. HILL (Hrsg.): Cardiovascular Anatomy and Pathology. – Proc. 11th Symp. Zool. Soc. London 28.-29.11.62 – London (Academic Press).

Fox, A. M. & X. J. Musacchia (1959): Notes on the pH of the digestive tract of *Chrysemis picta*. – Copeia 1959: 337–339.

Fowler, M.E. (1980): Comparison of Respiratory Infection and Hypovitaminosis-A in Desert Tortoises. – S. 93–97 in: Montali, R. J. u. G. Migaki (Hrsg.): Pathology of Zoo Animals. – Washington, DC (Smithsonian Institution Press).

– (1986): Plant Poisoning in Pet Birds and Reptiles. – Current Vet Therapy IX. Small Animal Practice. Philadelphia (Saunders): 737–743.

Frank, W. (1978): Blutharnsäurewerte und viscerale Gicht bei Reptilien. – Prakt. TA 2(1978): 115–121.

Frazier, J. G. (1997) : Management of Tropical Chelonians: Dream or Nightmare? - Proc. Int. Conf. Cons., Restoration, and Management of Tortoises and Turtles, New York Turtle and Tortoise Society 1997: 446–452.

Freeland, W. J. & D. H. Janzen (1974): Strategies in Herbivory by Mammals: The Role of Plant Secondary Compounds. – Am. Natur. 108(961): 269–289.

Freiberg, M. A. (1971): El mundo de las tortugas. – Ed. Albatros, Buenos Aires, 134 S.

Fretey, J. (1977): Les chéloniens de Guyane francaise. 1. Etude préliminaire. – Thesis, Univ. Paris, 201 S.

Frohne, D. & H. J. Pfänder (1997): Giftpflanzen. 4. Aufl. – Stuttgart (WVG), 450 S.

Frye, F. L. (1991a): Reptile Care. An Atlas of Diseases and Treatments. Comparative Histology. Bd. 2. – Neptune City, N. J. (T.F.H. Publications): 473–511.

– (1991b): Reptile Care. An Atlas of Diseases and Treatments. Nutrition: A Practical Guide for Feeding Captive Reptiles. Bd. 1. – Neptune City, N. J. (T.F.H. Publications): 41–100.

– (1996): A Practical Guide for Feeding Captive Reptiles. 3. Aufl. – Malabar, Florida (Krieger), 171 S.

–, B. V. Centofanti &. J. M. Harris (1991b): Successful treatment of iatrogenic (diet-related) hypervitaminosis-D and hypercalcemia in four iguanas, *Iguana iguana*. – 4. Int. Colloq. f. Path. & Ther. der Rept. & Amph., Bad Nauheim, 27.-29.09.91, DVG: 244–247.

– & J. F. Detrick (1976): Azalea Intoxication in a Desert Tortoise. – Ann. Proc. Am. Assoc. Zoo Vet., St. Louis, Missouri: 309–311.

– & F. R. Dutra (1974): Hypothyreoidism in Turtles and Tortoises. – VM/SAC 7 (1974): 990–993.

Gad, J. (2000): Die Haltung und Zucht der Ägyptischen Landschildkröte *Testudo kleinmanni*. – Salamandra, 36(2): 113–120.

– (2001): Vorschläge zur Ernährung der Ägyptischen Landschildkröte *Testudo kleinmanni* Lortet, 1883 in menschlicher Obhut. – Emys 8(3): 18-34.

Griner, L. A. (1983): Pathology of Zoo Animals. – San Diego (Zoological Society).

Gropp, J. (1987): Vitamine. – S. 68–93 in: Scheunert, A. & A. Trautmann (Hrsg.): Lehrbuch der Veterinär-Physiologie. 7. Aufl. – Berlin (Parey Verlag)

Guard, C. L. (1980): The reptilian digestive system: general characteristics. – S. 43–51 in: Schmidt-Nielsen, K., L. Bolis & C. R. Taylor (Hrsg.): Comparative Physiology: Primitive Mammals. – Cambridge (Cambridge University Press).

Hallinan, T. (1923): Observations made in Duval county, northern Florida on the gopher tortoise (*Gopherus polyphemus*). – Copeia 1923: 11–20.

Hamilton, J. & M. Coe (1982): Feeding, digestion and assimilation of a population of giant tortoises (*Geochelone gigantea* [Schweigger]) on Aldabra atoll. – J. Arid Environ. 5: 127–144.

Haslewood, G. A. D. (1967): The biological importance of bile salts. – London (Methuen).

Henry, H. L. & A. W. Normann (1975): Presence of renal 25-Hydroxyvitamin-D-1-Hydroxylase in species of all vertebrate classes. – Comp. Biochem. Physiol. 50B: 431–434.

Hertz, P. E. (1992): Temperature regulation in Puerto Rican *Anolis* lizards: a field test using null hypotheses. – Ecology 73: 1405–1417.

Herwig, R. (1983): Pareys Zimmerpflanzen Enzyklopädie. – Berlin (Parey Verlag), 288 S.

Highfield, A. C. (1990): Keeping and Breeding Tortoises in Captivity. – Bristol (Longdunn Press), 149 S.

Holt, P. E., J. E. Cooper & J. R. Needham (1979): Diseases of tortoises: a review of seventy cases. – J. Small Anim. Pract. 20 (1979): 269–286.

Honegger, R. E. (1998): Zürichs Riesenschildkröten. – REPTILIA, Münster, 3(5): 62–68.

Hoppe, B. (2000): Vitamin D3 und UV – ist hier die Lösung? – Schildiliste SEBAG schildiliste@egroups.de Beitrag im Diskussionsforum der Schildiliste. www.egroups.de, 6 S.

Hornfeldt, C. S. (1989): Poisonous Plants. – Tortuga Gazette 25(7), California Turtle & Tortoise Club Care Sheet, http://www.tortoise.org/general/poiscase.html (Stand: April 2001), 1 S.

Hufer, H. & V. Büddefeld (2000): Haltung und Zucht der „Tunesischen Landschildkröte". – Radiata 9(2): 3–14.

Hukuhara, T., T. Naitoh & H. Kameyama (1975): Observations on the gastrointestinal movements of the tortoise (*Geoclemmys revesii*) by means of the abdominal window technique. – Jap. J. Smooth Musc. Res. **11**: 39–46.

INNIS, C. (1994): Considerations in Formulating Captive Tortoise Diets. – Bull. ARAV **4**(1): 8–12.

IPPEN, R. (1978): Ein Beitrag zu den Thyreopathien bei Reptilien. – Verh. Ber. Erkr. Zootiere **20**: 357–371.

IVERSON, J. B. (1982) : Adaptations to herbivory in iguanine lizards. – S. 60–76 in: BURGHARDT, G. M. & A. S. RAND (Hrsg.): Iguanas of the World. Their Behaviour, Ecology, and Conservation. – Park Ridge, NJ (Noyes Publications).

JACOBSHAGEN, E. (1937): Mittel- und Enddarm (Rumpfdarm). – S. 638–654 in: BOLK, L., E. KALLIUS, E. GÖPPERT & W. LUBOSCH (Hrsg.): Handbuch der vergleichenden Anatomie der Wirbeltiere. Bd. 3. – Berlin (Urban und Schwarzenberg).

JOHNSON, D. R. (1966): Diet and estimated energy assimilation of three Colorado lizards. – Am. Midl. Nat. **76**: 504–509.

JOHNSON, R. N. & H. B. LILLYWHITE (1979): Digestive efficiency of the omnivorous lizard *Klauberina riversiana*. – Copeia **1979**: 431–437.

KARASOV, W. H., E. PETROSSIAN, L. ROSENBERG & J. M. DIAMOND (1986): How do food passage rate and assimilation differ between herbivorous lizards and nonruminant mammals? – J. Comp. Physiol. **B156**: 599–609.

KING, G. (1996): Reptiles and Herbivory. – London (Chapman & Hall).

KLING, M. (1918): Die Kriegsfuttermittel. – Stuttgart (Eugen Ulmer Verlag).

KÖHLER, G. (1992): Artgerechte Ernährung und ernährungsbedingte Erkrankungen des Grünen Leguans, *Iguana iguana* (LINNAEUS 1758). – Sauria **14**(1): 3–8.

— (1996): Krankheiten der Amphibien und Reptilien. – Stuttgart (Ulmer Verlag), 166 S.

KOLB, E. (1998): Verwertung und Anwendung von Vitaminen bei Haustieren. – Grenzach-Wyhlen (Hoffmann-La Roche), 96 S.

LAWRENCE, K. & O. F. JACKSON (1982): Passage of ingesta in tortoises. – Vet Rec **111**: 492.

LEWIN, L. (1992): Gifte und Vergiftungen: Lehrbuch der Toxikologie. 6. Aufl. – Heidelberg (Haug Verlag), 1087 S.

LIESEGANG, A., J.-M. HATT, R. FORRER, M. WANNER & E. ISENBÜGEL (2000): Examination of the digestibility of Ca, Mg and P in four captive born juvenile Galapagos giant tortoises (*Geochelone [elephantopus] nigra*). – S. 45–49 in: NIJBOER, J., J.-M. HATT, W. KAUMANNS,

A. BEIJNEN & U. GANSLOSSER (Hrsg.): Zoo Animal Nutrition. – Fürth (Filander Verlag), 324 S.

LILLYWHITE, H. B. & R. E. GATTEN Jr. (1995): Physiology and functional anatomy. – S. 5–31 in: WARWICK, C., F. L. FRYE & J. B. MURPHY (Hrsg.): Health and Welfare of Captive Reptiles. – London (Chapman & Hall).

LINDT, S. (1968): D-hypervitaminotische Calcinose bei verschiedenen Tieren. – Wien. TÄ Monatsschrift **55**(1968): 148–164.

LIU, S.-K., E. P. DOLENSEK & J. P. TAPPE (1985): Cardiomyopathy and vitamin E deficiency in zoo animals and birds. – Heart Vessels 1986(1): 288–293.

LLOYD, M. L. (1990): Reptilian dystocias review-causes, prevention, management and comments on the synthetic hormone vasotocin. – Proc. Am. Assoc. Zoo Vet.: 290–296.

LOEHR, V. J. T. (2001a): *Homopus signatus signatus*, Namaqualand Speckled Padloper. Captive Breeding. – http://home.kabelfoon.nl/~loehr/publ2.html (Stand: April 2001), 2 S.

— (2001b): Dietary requirements of captive hatchling Namaqualand Speckled Padlopers (*Homopus s. signatus*). – http://home.kabelfoon.nl/~loehr/publ3.html (Stand: April 2001), 3 S.

— (2001c): Husbandry, behaviour and captive breeding of the Namaqualand Speckled Padloper (*Homopus s. signatus*). – http://home.kabelfoon.nl/~loehr/publ7.html (Stand: April 2001), 8 S.

— & T. J. HARRIS-SMITH (2001): *Homopus signatus*, Speckled Padloper. Natural Diet. – http://home.kabelfoon.nl/~loehr/publ6.html (Stand: April 2001), 1 S.

LOWE, P. (1996): Desert Tortoise, *Gopherus agassizii*, Wild and Captive. – Vivarium **8**(3): 58–62.

LUPPA, H. (1977): Histology of the Digestive Tract. – S. 225–313 in: GANS, C. & T. S. PARSONS (Hrsg.): Bilology of the Reptilia. Bd. 6. Morphology E. – London (Academic Press).

MACKAY, S. R. (1968): Observations on the peristaltic activity versus temperature and circadian rhythms in undisturbed *Varanus flavescens* and *Ctenosaura pectinata*. – Copeia **1968**: 252–259.

MADER, D. R. (1993): Clinical Reptilian Anatomy and Physiology. – 5th Ann. Small Mammal - Reptile Medicine and Surgery for the Practitioner, Middleton, Wisconsin, 15.-17.10.93: 1–5.

MÄHN, M. (1998): Madagaskar. 2. Teil zur Biologie und Ökologie der Strahlenschildkröte (*Geochelone radiata*, SHAW 1802) und der Spinnenschildkröte

(*Pyxis arachnoides*, BELL 1827). – Schildkröte 1(2): 42–47.

MARKS, S. K. & S. B. CITINO (1990): Hematology and Serum Chemistry of the Radiated Tortoise (*Testudo radiata*). – J. Zoo Wildl. Med. 21(3): 342–344.

MARSCHALL, A. & G. MARSCHALL (1993): Erfahrungen bei der Haltung und Nachzucht der Glattrand-Gelenkschildkröte *Kinixys belliana* GRAY, 1831. – Sauria, 15(2): 9–13.

MAUTINO, M. & C. D. PAGE (1993): Biology and medicine of turtles and tortoises. – Small Anim. Pract. 23(6): 1251–1270.

MCBEE, R. H. & V. H. MCBEE (1982): The Hindgut Fermentation in the Green Iguana, *Iguana iguana*. – S. 77–83 in: BURGHARDT, G. M. & A. S. RAND (Hrsg.): Iguanas of the World. Their Behaviour, Ecology and Conservation. Park Ridge, NJ (Noyes Publications).

MCCORMICK, B. (1992): The Elongated Tortoise, *Indotestudo elongata*. – Tortuga Gazette 28(3): 1–3.

MCKEOWN, S. (1997): Indoor Substrates for Neonate and Juvenile Tortoises. – Vivarium 8(6): 6–7.

MCKEOWN, S., D. E. MEIER & J. O. JUVIK (1991): The Management and Breeding of the Asian Forest Tortoise (*Manouria emys*) in Captivity. – Proc. 1st Int. Symp. On Turtles & Tortoises: Conservation & Captive Husbandry: 138–159. California Turtle & Tortoise Club Care Sheet, http://www.tortoise.org/archives/manouria.html (Stand: April 2001), 12 S.

MEDEM, M. F. (1962): La distribución geográfica y ecológica de los Crocodylia y Testudinata en el Departamento del Chocó. – Rev. Acad. Colomb. 11(1962b): 279–303.

MEDICA, P. A., R. B. BURY & R. A. LUCKENBACH (1980): Drinking and Construction of Water Catchments by the Desert Tortoise, *Gopherus agassizi*, in the Desert. – Herpetologica 36(4): 301–304.

MEIENBERGER, C., I. R. WALLIS & K. A. NAGY (1993): Food intake rate and body mass influence transit time and digestibility in the desert tortoise (*Xerobates agassizii*). Physiological Zoology 66(5): 847–862.

MENKE, K.-H. & W. HUSS (1987): Tierernährung und Futtermittelkunde. 3. Aufl. – UTB 63, Stuttgart (Ulmer Verlag), 424 S.

MENNEGA, A.M.W. (1938): Waterstofionenconcentratie en Vertering in de Maag van eeinige Vertebraten. – Utrecht (Van Boekhoven).

MEYER, H., K. BRONSCH & J. LEIBETSEDER (1989): Supplemente zu Vorlesungen und Übungen in der Tierernährung. 7. Aufl. – Hannover (Schaper Verlag), 255 S.

–, K. BRONSCH & J. LEIBETSEDER (1993): Supplemente zu Vorlesungen und Übungen in der Tierernährung. 8. Aufl. – Hannover (Schaper Verlag).

– & E. HECKÖTTER (1986): Futterwerttabellen für Hunde und Katzen. – Hannover (Schlütersche Verlagsanstalt), 46 S.

– & J. ZENTEK (1998): Ernährung des Hundes. 3. Aufl. – Berlin (Parey Verlag), 314 S.

MILLER, L. (1932): Notes on the Desert Tortoise (*Testudo agassizi*). – Trans. San Diego Soc. Nat. Hist. 7(1932): 187–208.

MORRIS, L. (1994): Western Hinge-back Tortoise, *Kinixys belliana nogueyi*. – Tortuga Gazette 30(1), California Turtle & Tortoise Club Care Sheet, http://www.tortoise.org/archives/kinixys.html (Stand: April 2001), 3 S.

MOSKOVITS, D. K. & K. A. BJORNDAL (1990): Diet and food preferences of the tortoises *Geochelone carbonaria* and *G. denticulata* in northwestern Brazil. – Herpetologica 46(2): 207–218.

MÜLLER, M. J. (1996): Handbuch ausgewählter Klimastationen der Erde. 5. Aufl. – Forschungsstelle Bodenerosion der Universität Trier Mertesdorf (Ruwertal), 5.Heft, 400 S.

MUTH, A. (1977): Thermoregulatory postures and orientation to the sun: a mechanistic evaluation for the zebra-tailed lizard, *Callisaurus draconoides*. – Copeia 1977: 710–720.

NAGY, K. A. (1982): Energy Requirements of Free-Living Iguanid Lizards. – S. 49–59 in: BURGHARDT, G. M. & A. S. RAND (Hrsg.): Iguanas of the World. Their Behaviour, Ecology, and Conservation. Park Ridge, NJ (Noyes Publications).

OBST, F. J. (1988): Die Welt der Schildkröten. 2. Aufl. – Rüschlikon-Zürich (Müller), 235 S.

OFTEDAL, O. T., M. E. ALLEN, A. L. CHUNG, R. C. REED & E. D. ULLREY (1994): Nutrition, Urates, and Desert Survival: Potassium and the Desert Tortoise (*Gopherus agassizii*). – Proc. Am. Assoc. Zoo Vet. 1994: 308–313.

PAGE, C. D. & M. MAUTINO (1990): Clinical Management of tortoises. – Compend. Contin. Educ. Pract. Vet. 12(2): 221–228.

PALLASKE, G. (1961): Gefäßwandveränderungen bei D-Hypervitaminose eines Leguan. – Berl. Münch. Tierärztl. Wochenschr. 74(7):132–133.

PALMER, H. (2000): Captive Breeding of the Star Tortoise, *Geochelone elegans*. – Vivarium 11(1): 42–45.

PALMER, M. (1994): The Speckled Tortoise, *Homopus signatus*, in Captivity. – Tortuga Gazette 30(6): 1–5.

PAPAS, A. M., R. C. CAMBRE, S. B. CITINO, D. J. BAER

u. G. R. Wooden (1990): Species Differences in the Utilization of Various Forms of Vitamin E. – Proc. Am. Assoc. Zoo Vet. **1990**: 186–190.

Parsons, T. S. & J. E. Cameron (1977): Internal Relief of the Digestive Tract. – S. 159–223 in: Gans, C. & T. S. Parsons (Hrsg.): Biology of the Reptilia. Bd. 6. Morphology E. – London (Academic Press).

Patterson, T. L. (1933): Comparative physiology of the gastric hunger mechanism. – Ann. N. Y. Acad. Sci. **34**: 55–272.

Pauler, I. (1990): Zur Nachzucht der Spaltenschildkröte *Malacochersus tornieri* (Siebenrock, 1903). – Herpetofauna **12**(66): 6–10.

Pfeffer, E. (1987): Energiehaushalt. – S. 119–133 in: Scheunert, A. & A. Trautmann (Hrsg.): Lehrbuch der Veterinär-Physiologie. 7. Aufl. – Berlin (Parey Verlag).

Pieh, A. (2000): *Testudo graeca soussensis*, eine neue Unterart der Maurischen Landschildkröte aus dem Sousstal (Südwest-Marokko). – Salamandra, **36**(4): 209–222.

Porter, K. R. (1972): Herpetology. – Philadelphia (Saunders): 524 S.

Puschmann, W., S. Seifert, K.-G. Witstruk & U. F. Zwirner (1982): Zootierhaltung. Grundlagen. Bd. 1. 6. Aufl. – Thun (Deutscher Landwirtschaftsverlag): 184–209.

Raiti, P. (1995): Reproductive Problems of Reptiles. – Proc. ARAV **1995**: 101–105.

Raphael, B. L., M. W. Klemens, P. Moehlmann, E. Dierenfeld & W. B. Karesh (1994): Blood Values in Free-Ranging Pancake Tortoises (*Malacochersus tornieri*). – J. Zoo Wildl. Med. **25**(1): 63–67

Rick, Ch. M. & R. J. Bowman (1961): Galapagos tomatoes and tortoises. – Evolution **15**: 407–417.

Riener, R. (1999): Haltung und Nachzucht der Spaltenschildkröte *Malacochersus tornieri* (Siebenrock, 1903). – Emys **6**(3): 4–19.

Roth, L., M. Daunderer & K. Kormann (1988): Giftpflanzen - Pflanzengifte. 3. Aufl. – Landsberg/ Lech (ecomed), 1119 S.

Sachsse, W. (1971): Was ist Ballast in der Nahrung von Schildkröten? – Salamandra **7**(3/4): 143–148.

Schaffner, F. (1998): The Liver. – S. 485–531 in: Gans, C. & A. S. Gaunt (Hrsg): Biology of the Reptilia. Bd. 19. Morphology C. Visceral Organs. – Ithaca, New York, USA (SSAR).

Schall, J. J. & S. Russell (1991): Toxic plant components and the diet of the predominantly herbivorous whiptail lizard, *Cnemidophorus arubensis*. – Copeia **1991**(1): 111–119.

Schramm, B. (1998): Die Galapagos-Riesenschildkröte (*Geochelone nigra*). – REPTILIA, Münster, **3**(3): 20–25.

Schuchmann, S. M. & D. O. N. Taylor (1970): Arteriosclerosis in an Iguana (*Iguana iguana*). – J. Am. Vet. Med. Assoc. **157**(5): 614–616.

Seeger, R. (1992): Giftpflanzen, Pflanzengifte. – S. 822–836 in: Forth, W., D. Henschler, W. Rummel & K. Starke (Hrsg.): Allgemeine und Spezielle Pharmakologie und Toxikologie. 6. Aufl. – Mannheim (BI-Wissenschaftsverlag).

Seybold, J. (1993): Ein Beitrag zur Nierenpathologie bei Reptilien. – München (Diss., Ludw.-Max.-Univ.), 121 S.

Siewing, R. (1985): Lehrbuch der Zoologie. Bd. 2. Systematik. 3. Aufl. – Stuttgart (Fischer Verlag): 484– 498.

Simkiss, K. (1967): Calcium Metabolism of the Reproducing Reptile. – S. 214-226 in: Simkiss, K. (Hrsg.): Calcium in Reproductive Physiology. London (Chapman and Hall).

Skoczylas, R. (1978): Physiology of the Digestive Tract. – S. 589–657 in: Gans, C. & K. A. Gans (Hrsg.): Biology of the Reptilia. Bd. 8. Physiology B. – London (Academic Press).

Smith, C. (1994): Desert Tortoise Care. – Bull. ARAV **4**(1): 12–15.

Sokol, O. M. (1967): Herbivory in Lizards. – Evolution **21**: 192–194.

— (1971): Lithophagy and Geophagy in Reptiles. – J. Herp. **5**: 69–71.

Souci, S. W., W. Fachmann & H. Kraut (1994): Die Zusammensetzung der Lebensmittel. Nährwert-Tabellen. 5. Aufl. – Stuttgart (medpharm Scientific Publishers), 1091 S.

Steuer, H. (1966): Ist die sogennante Mundfäule der Reptilien eine Avitaminose? –

Zool. Garten **32**(NF): 36–38.

Sülflohn, K. (1997): Das geltende Futtermittelrecht. – Rheinbach (Agrar Service), 158 S.

Suzuki, N. K. (1963): Studies on the osseous system of the Slider turtle. – Ann. N. Y. Acad. Sci. **109**: 351–410.

Swain, T. (1976): Angiosperm-reptile co-evolution. – S. 107-122 in: Bellairs, A. d'A. & C. B. Cox (Hrsg.): Morphology and Biology of Reptiles. – Linnean Society Symposium Series 3 – London (Academic Press).

Throckmorton, G. S. (1973): Digestive efficiency in the herbivorous lizard *Ctenosaura pectinata*. – Copeia **1973**: 451–453.

TROYER, K. E. (1982): Transfer of Fermentative Microbes Between Generations in a Herbivorous Lizard. – Science 216: 540–542.

– (1984a): Diet selection and digestion in *Iguana iguana*: the importance of age and nutrient requirements. – Oecologia 61: 201–207.

– (1984b): Structure and Function of the Digestive Tract for Herbivory in a Neotropical Lizard, *Iguana iguana*. – Physiol. Zool. 56(1): 1–8.

– (1987): Small differences in daytime body temperature affect digestion of natural food in a herbivorous lizard (*Iguana iguana*). – Comp. Biochem. Physiol. 87A(3): 623–626.

UETZ, P. (2001): Family Testudinidae (Tortoises). – http://www.embl-heidelberg.de/~uetz/families/Testudinidae.html (Stand: April 2001), 3 S.

VAN MARKEN LICHTENBELT, W. (1992): Digestion in an ectothermic herbivore, the green iguana (*Iguana iguana*): effect of food composition and body temperature. – Physiol. Zool. 65: 649–673.

VINKE, T. & S. VINKE (2000): Optimierung der Haltung und Zucht der Köhlerschildkröte *Geochelone carbonaria* (SPIX, 1824) aus der Guayana-Region. – Salamandra, 36(4): 233–246.

VINKE, T. & S. VINKE (2001): Die Schildkrötenfauna im zentralen Chaco Paraguays. – Radiata 10(3): im Druck.

VONK, H. J. (1939): Die biologische Bedeutung des pH-Optimums der Verdauungsenzyme bei den Vertebraten. – Ergebn. Enzymol. 8(1939): 55–88.

WALLACH, J. D. (1983): Reptiles and Amphibians. – in: Diseases of exotic animals. Chapter 22. Philadelphia (Saunders).

WALLACH, J. D. & G. L. HOFF (1982): in: HOFF, G. L. & J. W. DAVIS (Hrsg.): Diseases of Wildlife. Ames, IA (Iowa State University Press).

WARE, S. K. (2000): Ernährung und Ernährungsfehler. – S. 277–314 in: L. ACKERMANN (Hrsg.): Atlas der Reptilienkrankheiten. Bd. 2. – Ruhmannsfelden (Bede Verlag).

WEHNER, R. & W. GEHRING (1990): Zoologie. 22. Aufl. – Stuttgart (Thieme Verlag): 759–761.

WIECHERT, J. M., P. ZWART & K. MATHES (2001): Eibenvergiftung in einem Schildkrötenbestand. – Prakt. Tierarzt, Hannover 82(4): 260–262.

WOLF, P. & J. KAMPHUES (1994): Futtermittel für Cardueliden. – Die Voliere 10: 289–296.

WOLVEKAMP, H. P. (1928): Kohlehydratverdauung im Darme der Schildkröte. – Z. vergl. Physiol. 7: 454–461.

WOOD, J. R. & F. E. WOOD (1982): Growth and digestibility for the green turtle (*Chelonia mydas*) fed diets containing varying protein levels. – Aquaculture 25: 269–274.

WRIGHT, R. D., H. W. FLOREY & A. G. SANDERS (1957): Observations on the gastric mucosa of Reptilia. – Q. Jl. Exp. Physiol. 48(1957): 1–14.

ZIMMERMANN, L. C. & C. R. TRACY (1989): Interactions between the environment and ectothermy and herbivory in reptiles. – Physiol. Zool. 62: 374–409.

ZWART, P. (1980): Nutrition and nutritional disturbances in reptiles. – Proc. Europ. Herp. Symp., Oxford: 75–80.

– (1983): Haltungs- und fütterungsbedingte Erkrankungen der Reptilien. – Jahresversammlung Schweiz. Vereinigg. f. Kleintiermedizin 1983: 77–88.

– (2000): Nutrition of Chelonians. – S. 33–44 in: NIJBOER, J., J.-M. HATT, K. WAUMANNS, A. BEIJNEN & U. GANSLOSSER (Hrsg.): Zoo Animal Nutrition. – Fürth (Filander Verlag).

ZWARTEPOORTE, H. (2000): Die Nachzucht der Madagassischen Spinnenschildkröten *Pyxis arachnoides arachnoides* und *P. a. brygooi*. – S. 50–52 in: ARTNER, H. & E. MEIER (Hrsg.): Schildkröten. Symposiumsband. – Natur und Tier - Verlag, Münster.

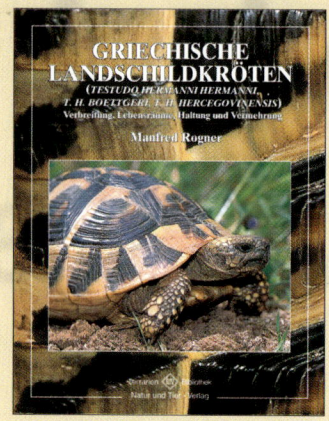
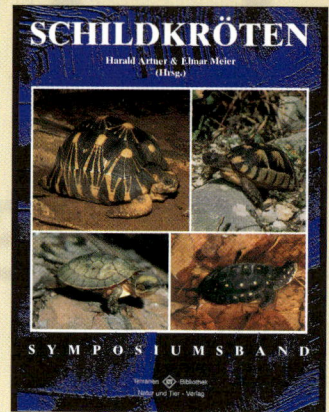

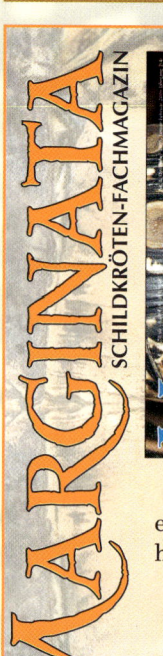
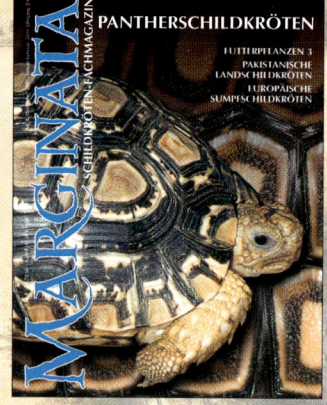